PETITE BIBLIOTHÈQUE DU « PEUPLE »
N° 4

La Guerre
Les Socialistes belges
L'Internationale

Prix : Fr. 2.00

ÉDITÉ PAR « LE PEUPLE »
Rue des Sables, 35, Bruxelles

1918

LA GUERRE

LES SOCIALISTES BELGES

L'INTERNATIONALE

PETITE BIBLIOTHÈQUE DU « PEUPLE »
N° 4

La Guerre
Les Socialistes belges
L'Internationale

Prix : Fr. 2.00

ÉDITÉ PAR « LE PEUPLE »
Rue des Sables, 35, Bruxelles

1918

LA GUERRE
LES SOCIALISTES BELGES
L'INTERNATIONALE

Le 4 août 1914, le crime est perpétré. L'Allemagne lance ses hordes sur la Belgique. Elle envahit un pays paisible et travailleur dont elle avait garanti la neutralité. Un frisson de colère, d'indignation et de révolte secoue le peuple belge et le dresse, tout entier, contre l'oppresseur. Le Conseil général du Parti Ouvrier adresse à la population le manifeste suivant :

A la population!

» La guerre européenne est déclarée.

» Dans quelques jours, dans quelques heures peut-être, des millions d'hommes qui demandaient à vivre en paix, vont être entraînés, sans leur aveu, dans la plus effroyable des tueries par des traités qu'ils n'ont pas consentis, par des volontés qui leur sont étrangères.

» La démocratie socialiste n'a aucune responsabilité dans ce désastre.

» Elle n'a reculé devant rien pour avertir les peuples, pour empêcher la folie des armements, pour conjurer la catastrophe qui va frapper la communauté européenne.

» Mais aujourd'hui, le mal est fait, et par la fatalité des événements, une pensée nous domine : bientôt peut-être aurons-nous à donner notre effort pour arrêter l'invasion de notre territoire.

» Nous le ferons d'un cœur d'autant plus ardent

qu'en défendant, contre la barbarie militariste, la neutralité et l'existence même de notre pays, nous aurons conscience de servir la cause de la démocratie et des libertés politiques de l'Europe.

» Nos camarades appelés sous les drapeaux, montreront comment les travailleurs socialistes savent se comporter devant le danger. Mais quelles que soient les circonstances où ils se trouveront, nous leur demandons de ne jamais oublier, au milieu des horreurs qu'ils verraient commettre, qu'ils appartiennent à l'Internationale ouvrière et d'être, dans toute la mesure compatible avec leur légitime défense individuelle et celle du pays, fraternels et bons.

» Le Conseil Général du Parti Ouvrier belge. »

Le transfert du Bureau Socialiste International.

Le 21 septembre 1914, le secrétaire du Parti Ouvrier Belge, Laurent Vandersmissen, fut invité à une séance du Comité Exécutif du Bureau international, à laquelle assistèrent Bertrand, Anseele, C. Huysmans, ainsi que Mathys, un des secrétaires du Parti Socialiste Hollandais, qui était chargé de soumettre au Comité exécutif du Bureau Socialiste International, les propositions suivantes :

1° Transfert provisoire du siège et des pouvoirs du Bureau Socialiste International à Amsterdam entre les mains du Comité directeur du Parti Socialiste Hollandais;

2° Convocation d'une conférence en octobre 1914, ayant pour but :

a) De rechercher les moyens de mettre fin à la guerre par une action concertée de tous les partis socialistes;

b) De faire en sorte qu'après la guerre, l'Internationale reste debout avec toutes ses sections et toute sa puissance.

Aucune décision définitive n'intervint au cours de

cette réunion, mais il fut résolu, sur la proposition d'Anseele, de demander aux partis affiliés s'ils jugeaient opportun et utile de convoquer entre les 20 et 30 octobre, à Amsterdam, une conférence des délégués de tous les partis affiliés.

Le secrétaire Vandersmissen fit, à cette séance, la déclaration suivante :

« Je ne suis pas membre du Comité exécutif du Bureau Socialiste International et n'ai, par conséquent, pas voix délibérative; mais ayant été convoqué comme secrétaire du Parti, je dois dire que je partage entièrement l'avis de C. Huysmans : nous ne pouvons délibérer avec les délégués du Parti Socialiste Allemand, dont l'attitude a révolté, à juste titre, les socialistes belges.

» Les membres du Comité Exécutif du Bureau Socialiste International ne doivent pas oublier, me semble-t-il, qu'ils sont ses délégués au Bureau Socialiste International et que la résolution préconisée par les camarades hollandais, pourrait les mettre en opposition, à certain moment, avec l'avis quasi unanime du Parti.

» Pratiquement, la conférence ne peut se tenir, comme l'a dit Bertrand; moralement, elle est impossible avec les représentants de la Social-démocratie allemande. »

***

Le 30 septembre 1914, le Bureau du Conseil Général du Parti Ouvrier Belge, délibérant sur la suggestion adressée par le Parti Socialiste Hollandais au Comité Exécutif du Bureau Socialiste International, et se trouvant, à raison du régime d'occupation, dans l'impossibilité de convoquer utilement l'assemblée plénière du Conseil Général ou un Congrès national du Parti, s'est constitué en direction du Parti et a émis l'avis qu'il y a lieu de répondre négativement à la suggestion ci-dessus formulée, pour les raisons suivantes :

1° Il y a impossibilité matérielle pour les partis de

délibérer sur l'ordre du jour de cette conférence et d'y envoyer des délégués dûment mandatés;

2° Cette conférence est sans objet quant au fond;

3° Le Bureau du Parti Ouvrier Belge estime qu'il n'est pas de sa dignité de se réunir en conférence avec les délégués du Parti Socialiste Allemand, dont les représentants au Reichstag ont voté les crédits pour une guerre agressive et ont laissé violer le territoire et la neutralité de la Belgique sans élever la moindre protestation;

4° Les délégués du Parti Ouvrier Belge ne pourront participer à une conférence à laquelle des délégués du Parti Socialiste Allemand prennent part, qu'à la condition que ces derniers y viennent en accusés pour répondre devant l'Internationale, de leur attitude dans le conflit européen.

Sur ces entrefaites, le transfert *provisoire* du siège du Comité exécutif du Bureau Socialiste International à La Haye, fut décidé. Vandervelde, Anseele et Bertrand restaient en fonctions, conjointement avec les délégués du Parti Socialiste Hollandais qui avaient été adjoints temporairement au Comité Exécutif pour y représenter, au Bureau Socialiste International, les pays neutres, en vertu d'un mandat qui venait de leur être confié par ceux-ci. D'autre part, une conférence des Partis Socialistes des Pays scandinaves et du Parti Socialiste Hollandais fut décidée et convoquée à Copenhague, les 17 et 18 janvier 1915.

* * *

Le 16 novembre 1914, le Bureau du Conseil Général du Parti Ouvrier Belge décida d'envoyer une délégation en Hollande, en Angleterre et en France, ayant mandat notamment :

De rendre visite aux divers partis nationaux et d'exposer aux militants belges qui se trouvent à l'étranger, certains aspects de la situation, telle que nous la connaissions, afin d'être bien sûrs qu'ils agissent, parlent et écrivent en concordance de vues avec nous.

Ce furent les citoyens L. Vandersmissen, Joseph Wauters et Emile Vinck qui furent chargés de cette mission.

De l'intéressant rapport qu'ils adressèrent au Conseil Général, à leur retour, détachons la conclusion du paragraphe qui expose notre position vis-à-vis de la Social-démocratie allemande :

« Tous ceux que nous avons vus, — Keir Hardie et Mac Donald exceptés, qui ne nous ont pas donné d'avis — sont d'accord, tant en Angleterre qu'en France, pour déclarer que des relations avec les socialistes allemands, ne pourront être renouées qu'après que ceux-ci auront eu à répondre devant l'Internationale de leur attitude dans la guerre actuelle et tout particulièrement à l'égard de la Belgique. Ils sont également d'avis qu'il ne peut être question de paix aussi longtemps que la possibilité d'anéantir le militarisme prussien, existera.

» C'est pourquoi ils considèrent la conférence de Copenhague comme inutile et contraire aux intérêts du Socialisme.

» Cet avis n'est pas aussi unanime en Hollande, où l'influence de Troelstra, qui veut jouer le rôle de conciliateur, semble se faire sentir fortement. »

Déclaration de la Délégation Belge au Comité exécutif du Bureau Socialiste International, le 20 février 1915.

Invité par le Bureau Socialiste International à faire connaître le point de vue des socialistes belges à l'égard de l'exécution des résolutions internationales, les délégués belges, L. Vandersmissen et J. Wauters, qui se sont rendus à La Haye le 20 février 1915, ont déclaré en substance :

I. — *A propos des relations avec les socialistes allemands :*

Les socialistes belges ne peuvent consentir à délibérer avec les socialistes allemands avant que ceux-ci n'aient eu à répondre devant l'Internationale de leur attitude à l'égard de la Belgique et de la façon dont ils ont observé les décisions des congrès internationaux en matière de militarisme.

II. — *En ce qui concerne les négociations de paix :*

Il est indispensable que le prolétariat socialiste se fasse entendre lors de la conclusion de la paix. Quoique les travailleurs belges voient avec sympathie l'action de Liebknecht et de ses camarades, le moment ne leur paraît pas venu de parler de paix; aussi longtemps que la Belgique sera occupée par les armées allemandes, il ne peut en être question pour les socialistes belges.

Tel est l'avis unanime des principaux militants socialistes belges qui ont pu faire connaître leur manière de voir sur ces deux questions.

Il est certain que si le Parti Ouvrier Belge n'avait pas vécu à ce moment sous un régime d'exception et avait pu délibérer sur ces graves problèmes, l'opinion émise par ses leaders aurait été confirmée par la grande masse des travailleurs socialistes.

Résolutions destinées à inspirer les deux délégués Belges, Emile Vandervelde et Louis de Brouckère, au Congrès Socialiste des Alliés, approuvées à l'unanimité des militants qui ont pu être consultés, arrêtées le 12 décembre 1916.

I. — *En ce qui concerne l'Internationale :*

Le Parti Ouvrier Belge maintient son opinion, exprimée le 20 février 1915 à La Haye, devant le Bureau Socialiste International.

Il est hostile à une rencontre actuelle avec les démocrates socialistes des puissances centrales. Ses militants ne peuvent parler librement; son congrès ne peut délibérer; l'état général des choses empêche de rassembler librement et objectivement les faits et la documentation nécessaires. Préalablement à toute tentative de rapprochement, il estime que la France et la Belgique devraient être évacuées.

Il entend, au surplus, ne se rencontrer avec des démocrates socialistes allemands que pour leur demander compte de leur attitude 1º le 4 août 1914, au regard de l'ultimatum du 2 août et de la violation de la neutralité belge; 2º au regard des atrocités commises en Belgique contre la population civile sans défense.

Il réserve en outre formellement son jugement quant à leur attitude générale au regard des diverses déclarations de guerre de l'Autriche-Hongrie et de l'Allemagne qui déchaînèrent la catastrophe, ainsi que les conclusions à tirer de ce règlement de compte pour ce qui concerne la composition, la formation et l'action futures de l'Internationale.

II. — *En ce qui concerne l'action actuelle en faveur de la paix.*

Le Parti Ouvrier Belge considère les déclarations équivoques du Chancelier allemand comme une manœuvre destinée à préparer une paix précaire, favorable aux Puissances centrales; il pense donc que des délibérations socialistes internationales en faveur de la paix seraient actuellement vaines et dangereuses; si des conclusions générales, théoriques et pratiques, mêmes unanimes, pouvaient en sortir, le Parti Ouvrier Belge n'aurait nulle confiance dans la façon dont elles seraient observées par la démocratie socialiste allemande. Une partie de celle-ci fût-elle bien intentionnée ou revenue à de meilleurs sentiments, il serait dangereux d'abuser les travailleurs des pays alliés avec des déclarations vides d'effet.

La méfiance du Parti Ouvrier Belge se justifie d'autant plus qu'en ce moment même s'achève en Belgique la déportation en masse des ouvriers, chômeurs ou non, condamnés par centaines de mille, et sans jugement, aux travaux forcés en faveur de l'ennemi, sans que la majorité du parti et des syndicats allemands trouve autre chose à dire aux oppresseurs qu'elle sert, que de vagues et timides paroles de pitié pour ses « frères » réduits au plus odieux des esclavages.

Le Parti Ouvrier Belge tout en remerciant les conférences des neutres, réunis à Copenhague (1914) et à La Haye (1916) d'avoir proclamé les droits de la Belgique, récuse cependant l'impartialité et la sincérité de certains socialistes de pays neutres qui n'ont pas hésité à venir en Belgique s'informer de la situation générale sous l'égide de l'occupant, sans éprouver l'irrésistible besoin de saluer et de consulter leurs camarades dans la détresse, agissant ainsi avec le dessein évident de tromper l'opinion internationale.

III. — *En ce qui concerne la Paix future.*

Le Parti Ouvrier Belge se réjouit de voir les socialistes des pays alliés se réunir à nouveau pour préciser leur position dans ce conflit. Il espère ardemment que les délégués seront unanimes à rechercher et à approuver les mesures susceptibles de mener à bien cette guerre défensive qui ne peut et ne doit finir que par la défaite des agresseurs. Il pense que politiquement une paix durable ne sera assurée à l'Europe que par la réalisation des aspirations nationales légitimes des peuples conquis ou opprimés, mais il se déclare résolument adversaire de toute annexion qui, sous ce prétexte, serait contraire à la volonté librement exprimée des populations concernées.

Le Parti Ouvrier Belge appuie de toutes ses forces toute action qui aura pour but : *a)* d'imposer aux diverses nations l'arbitrage obligatoire, avec les sanctions nécessaires, notamment le boycot commercial et financier, et au besoin le recours à la force; *b)* de préparer le désarmement.

Le Parti Ouvrier Belge reste fidèle aux principes de l'Internationale favorables au libre-échange, à l'autonomie de plus en plus large des colonies et à l'extension du régime de la porte ouverte dans les pays neufs. Toutefois, en se déclarant adversaire d'une guerre économique succédant au conflit armé, il se refuse à jouer un rôle de dupes; en réclamant sans délai l'abaissement des barrières douanières qui rendent le sort des travailleurs plus pénible par la cherté artificielle de la vie, il croit qu'il faut cependant prendre des précautions contre la (déloyale) concurrence et ne revenir à un régime de libre concurrence qu'après que les pays ravagés, privés de leurs machines, de leurs matières premières, de leurs voies de communication et de leur main-d'œuvre, auront été rétablis dans leur état normal.

Dans ce sens, Le Parti Ouvrier Belge, est convaincu que les pays alliés aideront au relèvement des petites nations, et en particulier de la Belgique, en leur facilitant immédiatement l'accès de marchés nouveaux.

* * *

Le Parti Ouvrier Belge propose que l'action socialiste, en vue de la paix, ne s'exerce pas seulement dans le domaine politique et économique, mais aussi dans le domaine social: il réclame une législation internationale systématique, sanctionnant la liberté syndicale, protégeant les travailleurs, les enfants, les femmes et les adultes, réglant la durée du travail et assurant l'extension et la réciprocité des lois d'assurances.

Il propose également de fixer au plus tôt les principes financiers généraux capables de conduire à la réduction rapide des dettes écrasantes contractées par les divers pays et d'éviter que la charge n'en retombe surtout sur les travailleurs; il croit qu'outre les impôts directs sur les héritages, sur les fortunes, sur les revenus et sur les bénéfices de guerre, il faudra envisager hardiment l'extension considérable de l'exploitation par et pour la collectivité des grands services publics, chemins de fer, tramways, éclairage, etc., ainsi que des assurances et des richesses naturelles, les mines de houille et les sources d'énergie électrique.

Mémorandum de Vandervelde et De Brouckère au Comité Hollando-Scandinave, à Stockholm.

Le Comité Hollando-Scandinave, à Stockholm, a reçu samedi 30 juin 1917, la délégation belge, composée des citoyens Emile Vandervelde, Président du Bureau Socialiste International, et Louis de Brouckère, délégué suppléant au Bureau Socialiste International, tous deux membres du Conseil Général du Parti Ouvrier Belge.

La délégation a formulé son point de vue dans le Mémorandum suivant :

Avant de traiter des conditions de paix — le problème de demain — nous voulons rappeler notre point de vue quant à la guerre — le problème d'aujourd'hui.

Elle nous apparaît moins comme une guerre entre des peuples que comme une lutte — probablement décisive — entre deux principes politiques. C'est en ce sens qu'on l'a justement appelée une guerre civile dans la société des nations. Cette nature véritable du grand conflit pouvait se discerner dès son origine. Elle apparaît plus clairement chaque jour. La révolution russe — dont cette guerre a été sinon la cause profonde, du moins l'occasion, — l'entrée en ligne des Etats-Unis qui n'ont eu recours finalement à la force des armes qu'après avoir épuisé toutes les chances qui paraissaient s'offrir de terminer pacifiquement cette grande querelle — ont achevé de ranger d'un côté toutes les nations libres, c'est-à-dire ayant fait déjà leur révolution démocratique, et de l'autre, presqu'entièrement isolées les trois dernières puissances mi-féodales, mi-absolues, celle de l'empereur d'Allemagne, celle du souverain d'Autriche-Hongrie, celle du Grand-Turc.

Contre cette triple force d'oppression et de réaction, dont le triomphe, ou simplement le maintien menaceraient le monde d'une insupportable servitude, étoufferaient tous les espoirs, toutes les possibilités de développement politique du prolétariat — la démocratie se défend. Personne ne peut sérieusement contester que la guerre ne soit, en ce qui concerne les puissances alliées, une guerre de défense et de libération. Certes, nous admettons avec l'unanimité des socialistes alliés représentés à la Conférence de Londres en 1915, que tous les gouvernements capitalistes ont dans le conflit actuel leur part de responsabilité, mais nous constatons avec cette assemblée, que sur les dirigeants des puissances centrales et sur eux seuls, pèse la responsabilité directe, immédiate, du conflit. L'impérialisme capitaliste international a créé les conditions économiques et politiques qui ont rendu la catastrophe possible, mais c'est l'impérialisme réactionnaire, militaire, des puissances centrales qui a mis ces circonstances à profit pour leur tentative d'hégémonie universelle et qui, consciemment, de propos délibéré, exécutant un projet longuement mûri, ont déchaîné la guerre sous le plus vilain des prétextes et pour la plus misérable des causes. Il a pu exécuter ses desseins grâce à une passivité populaire qui eut été inconcevable en tout autre pays, en France, en Angleterre, même dans la Russie de 1914, où déjà les forces de démocratie se dressaient du moins contre le Tzar et se seraient révoltées contre un attentat aussi inouï.

Nous ne nous arrêterons qu'un instant et pour l'écarter à cette objection que si les puissances centrales sont coupables d'impérialisme, les puissances alliées n'en sont point exemptes. Qu'en France, qu'en Angleterre, en Italie, telle ou telle fraction, tels ou tels intérêts, tels ou tels groupes de privilégiés aspirent eux aussi à de véritables conquêtes, territoriales ou économiques, coloniales ou même européennes, nous ne songeons pas plus à le nier que nous ne permettons qu'on en tire des conclusions spécieuses.

Ce n'est que dans le monde idéal que les causes se présentent avec une simplicité, une pureté théorique. Dans le monde réel, où nous vivons, il en va autrement. Aucune chose n'y est entièrement exempte de tout mélange de la chose opposée. Mais en politique, comme dans tous les domaines de l'action, il faut discerner les caractéristiques et les dominantes, au lieu d'insister sur les exceptions. La France de la Révolution, la France dont l'effort pour faire triompher la cause de l'arbitrage apparaît à chaque page des annales internationales, la France qui, en août 1914, retire ses troupes à 10 kilomètres des frontières et s'expose à l'invasion pour éviter jusqu'à l'apparence d'une provocation, en est-elle moins la France, parce que quelques financiers ont pu la compromettre au Maroc? L'Angleterre qui propose les vacances navales, qui s'emploie avec une énergie et un zèle inégalés à écarter la catastrophe, à trouver une solution juridique du conflit, en est-elle moins la vieille et forte démocratie qui a donné tant d'exemples au monde, parce qu'une poignée de « Juncker » s'y opposent obstinément à ses traditions libérales?

La différence essentielle contre les puissances centrales et celles de l'Entente, celle à laquelle nous avons fait allusion déjà et à laquelle il faut revenir toujours parce qu'elle domine tout le problème de la guerre, c'est que, de notre côté, une démocrative active et forte, exerçant une action politique réelle, considérable, parvient le plus souvent à mettre en échec les forces impérialistes, à les contenir du moins, dans certaines limites, tandis que les événements des trois dernières années ont démontré de façon, hélas, trop claire, que dans les nations qui combattent contre nous, la démocratie est sans force aux heures décisives et qu'elle le demeurera aussi longtemps que des changements profonds, organiques, ne seront pas venus transformer la constitution même de leur pays.

Nous ne nous arrêterons pas davantage à démontrer l'évidence. Si la responsabilité de l'empire allemand dans le conflit actuel avait encore besoin d'être établie, si le côté d'où vient le danger impérialiste devrait encore être recherché, les aveux venus d'Allemagne même suffiraient à lever tous les doutes. Nous notons avec joie que l'opinion de la minorité allemande, de Haase, de Bernstein, de Kautsky est, en cette matière, conforme à la nôtre et nous croirions manquer à un devoir en n'exprimant pas ici toute notre admiration pour le courage avec lequel ils l'ont exprimée.

De ce que nous venons de dire découlent des conséquences pratiques que nous allons énumérer. Nous entrerons ainsi au cœur même de notre sujet.

Et, tout-d'abord, de ce que l'impérialisme n'est nulle part réduit absolument à l'impuissance, de ce qu'une partie des classes dirigeantes cherchent partout à entraîner les gouvernements vers une politique de conquête, résulte la nécessité pour les socialistes de tous les pays de s'opposer énergiquement à leur impérialisme national, à l'empêcher d'imposer ses propres buts de guerre. *Les socialistes de l'Entente n'entendent pas échapper à cette obligation.* Ils ont pour tâche de purifier en quelque sorte cette guerre de défense en la nettoyant de tout ce qui pourrait rappeler encore le désir de revanche : l'abus de la force contre le vaincu, la rançon extorquée, les territoires soumis à une domination étrangère contrairement à la volonté des habitants. Ils n'ont jamais reculé devant l'accomplissement de ce devoir. En ce qui concerne les socialistes belges, les seuls au nom de qui nous ayons qualité pour parler, peut-être ne serait-il pas inutile de rappeler ici qu'ils ont combattu et vaincu le danger annexionniste qui existait même chez eux dans une certaine mesure et que le Gouvernement belge s'est trouvé d'accord sur un programme qui ne se concilie avec aucune conquête. Dans la note particulière jointe par la Belgique à la réponse des alliés au Président Wilson, le Gouvernement a expressément déclaré que la nation qui avant la guerre n'aspirait qu'à vivre en paix avec tous ses voisins, n'a aujourd'hui encore d'autre but que le « rétablissement de la paix et du droit, mais qu'elle veut une paix qui assurerait au pays des réparations légitimes et des garanties pour la sécurité de son avenir ».

Les circonstances actuelles et surtout la révolution russe, qui aura dans le monde entier une si puissante répercussion, crée à la lutte contre l'impérialisme des possibilités nouvelles. Partout les socialistes pourront maintenant agir avec bien plus de chances de succès. Nous n'hésitons pas à dire qu'ils se doivent à eux-mêmes de les mettre à profit, et non seulement par une action au sein des divers gouvernements où ils sont représentés ou par une action parlementaire, mais en faisant appel partout à l'opinion publique, par une action de masses touchant directement la population elle-même et tendant à cette purification des buts de guerre dont la Russie nous a donné l'exemple.

Ceci dit, ce devoir intérieur marqué, nous nous hâtons de revenir à ce que nous considérons à cette heure comme le devoir socialiste essentiel, celui de la *défense contre l'agression de l'impérialisme allemand et contre sa tentative d'hégémonie universelle.*

On a été jusqu'à nous reprocher de nous être défendus. Nous ne répondrons pas en alléguant les résolutions de l'Internationale qui reconnaissent le droit de défense nationale, qui recommandent la création des milices pour la défense. Nous rougirions de réduire ce débat à une interprétation de textes.

Nous dirons sans plus, que l'attaque, l'invasion ont fait peser sur nous la plus lourde des tyrannies, la tyrannie militaire allemande, à laquelle Bismarck assignait pour but « de ne laisser au peuple que des yeux pour pleurer ». Le socialisme belge, qui si souvent s'est dressé contre l'oppression du dedans, n'a pas cru un instant qu'il pouvait s'incliner devant celle du dehors. Lorsqu'on brûlait nos villages, que l'on insultait nos femmes, que l'on supprimait brutalement nos libertés si durement conquises, il n'a pas admis que c'était là « une simple querelle de bourgeois qui devait laisser le prolétariat indifférent ». D'autre part, s'il avait renoncé à la lutte sous prétexte que les soldats de Guillaume II étaient trop nombreux et ses canons trop puissants, il se serait déshonoré à ses propres yeux, la lâcheté n'ayant jamais compté pour lui au nombre des vertus révolutionnaires. Nous ajoutons qu'il n'a pas eu même la velléité de pareil renoncement, que, par le fusil et par la grève, il a lutté, et que toutes les nouvelles qui nous viennent du pays s'accordent à constater qu'il luttera *toujours* quels que soient les sacrifices, quelque longues que soient les souffrances, jusqu'à ce que la tyrannie soit vaincue.

On nous a reproché de nous être alliés pour cette lutte à toutes les classes de la population, d'avoir réalisé l'« Union Sacrée ». Nous ne songeons pas à nous en excuser. L'agression allemande a créé entre tous les Belges des intérêts communs, puisqu'elle les a courbés tous sous une oppression commune.

On nous demande de ne songer qu'à la lutte de classe. Sera-ce au milieu des usines ruinées, dans un pays où il n'y a plus guère que des chômeurs? Seront-ce nos déportés qui la conduiront? Pour reprendre autrement que dans les mots la lutte politique de notre prolétariat, qui ne voit qu'il faut d'abord que nous ayions une vie politique nationale réelle, que nous ayions reconquis notre indépendance, bien plus, que nous l'ayions mise à l'abri d'une attaque nouvelle?

On nous a reproché d'avoir fait comme la majorité allemande puisque nous avons soutenu, nous aussi, notre gouvernement au cours de cette guerre. On refuse de faire aucune distinction entre le cas de l'agresseur et celui de la victime. On disserte sur la difficulté technique de reconnaître l'assaillant réel, on proclame la faillite des « thèses de Bebel ». Nous n'aurons garde de nous attarder à tout ce verbiage. Pour toutes les consciences claires, le fait de porter un coup de couteau restera toujours distinct du fait de le parer. Et qu'importe que la culpabilité du gouvernement allemand ne soit pas suffisamment établie par cela seul qu'il a formellement déclaré la guerre, si d'autres preuves écrasantes, manifestes, prouvent et son intention criminelle, et sa longue préméditation et l'exécution méthodique de son dessein. Toute assimilation entre nous qui nous joignons à toute la nation *parce qu'elle* est attaquée et ceux qui ailleurs se joignent à leur empereur pour nous attaquer, nous apparaît comme un outrage que nous ressentons profondément et qui rend toute entente, voire toute discussion impossible.

***

La défense contre l'impérialisme agresseur implique pour nous quelque chose de plus que le simple refoulement de l'envahisseur au delà de nos frontières. Maintenant que l'attentat s'est produit, nous ne pouvons plus vivre, le monde ne peut plus vivre, sous la menace perpétuelle de son recommencement.

Tant qu'à Berlin, Vienne et à Constantinople, des monarques, se croyant investis de la mission divine de régner sur le monde, continueront à disposer à leur gré de toutes les forces morales et matérielles de peuples dociles, prêts à les suivre sans murmurer dans toutes leurs entreprises, il n'y aura pas de sécurité pour nous, partant pas de vie sociale possible, nul espoir de développement ni de progrès démocratique. Aucun traité quels qu'en soient les termes, ne pourrait nous donner les garanties indispensables, puisque nous savons par expérience le cas que l'on fait dans les cours ennemies de ces « chiffons de papier ». Le 2 août 1914 le ministre d'Allemagne à Bruxelles affirmait solennellement que nous demeurerions à l'abri du conflit, que « nous verrions peut-être brûler la maison du voisin, mais que notre toit serait épargné ». Quelques heures après il remettait l'ultimatum que l'on sait, nous accordant quelques heures pour répondre. Presqu'aussitôt l'invasion commençait et, systématiquement on incendiait nos villes et nos villages. Nous ne pouvons pas vivre désormais dans la crainte perpétuelle d'une récidive et nous endormir, tous les soirs, en nous demandant si nous ne serons pas réveillés par les Uhlans faisant sonner sur nos pavés les fers de leurs chevaux.

Qu'on ne nous dise pas que la destruction de l'impérialisme allemand est l'affaire des Allemands eux-mêmes. Il pouvait en être ainsi tant que cet impérialisme se cantonnait chez lui. Aujourd'hui, il est sorti de ses limites; il nous opprime. Nous ne sommes pas disposés à nous laisser faire. Nous voulons briser le pouvoir de *notre* tyran. Nous le voulons aussi légitimement que les Russes, par exemple, ont pris la résolution et brisé le pouvoir du leur. Et la circonstance que le nôtre siége à Berlin, n'est pas une raison suffisante pour nous faire changer d'avis.

Au surplus, ce que nous disons de la volonté de la Belgique s'applique à toutes les nations de l'Entente. La suppression de l'impérialisme allemand est visiblement d'intérêt, de nécessité mondiales. Il n'y a pas de développement démocratique possible, il n'y a, notamment d'avenir pour le prolétariat, que dans une paix stable; il n'y a de paix stable convenable que dans le développement du droit international, dans la solution des conflits par des règles juridiques, dans l'établissement d'institutions internationales administrant la justice et appliquant les sanctions, dans cette « société des nations » que le président des Etats-Unis a annoncé aux acclamations de la démocratie mondiale. Mais comment les nations s'engageraient-elles valablement, comment seraient-elles réellement, utilement parties au contrat international, si elles n'étaient d'abord maîtresses de leur propre destinée, si elles ne contrôlaient efficacement un gouvernement responsable devant elles?

Nous tenons à bien préciser pour éviter toute équivoque que la lutte nécessaire dans notre esprit est la lutte contre l'impérialisme allemand, non la lutte contre le peuple allemand. Quelles qu'aient pu être notre douleur et notre indignation quand nous avons constaté que le peuple se faisait dans cette guerre l'exécuteur servile des volontés de ses maîtres, quand nous avons vu des prolétaires, des socialistes, que nous nous étions accoutumés à considérer comme des frères, participer chez nous au pillage, au massacre, à l'agression et insulter encore nos sentiments les plus chers, railler insolemment notre crédulité d'internationalistes qui comptait sur leur aide, nous n'avons point, nous ne voulons point avoir de haine pour la nation allemande. Nous ne rêvons point de revanche contre elle; nous ne voulons point l'opprimer à notre tour, nous ne voulons que la délivrer, en nous délivrant nous-mêmes. Nous voulons lui rendre le droit de disposer d'elle-même suivant la formule même de la révolution russe. Ce droit impliquant à toute évidence la délivrance de tout despotisme national, comme de tout despotisme étranger.

Tout projet de démembrement de l'Allemagne ou de

l'Autriche-Hongrie, soit que des territoires réellement allemands soient rattachés malgré la volonté de leurs habitants à quelque puissance étrangère, soit que l'on contraigne les empires actuels à se diviser en souverainetés indépendantes que l'on empêcherait de se réunir, nous trouverait irréductiblement hostiles. Et, de même, toute ligue économique contre l'Allemagne, ayant pour but ou pour résultat d'empêcher le développement légitime de son industrie, toute tentative de la soumettre à un tribut, toute action tendant à l'isoler. Ces précautions pourraient être indispensables contre les sujets des Hohenzollern obstinément résolus à se lier à leur sort, à les servir contre l'humanité. Elles ne sont pas concevables, elles se heurteraient à la révolte de la démocratie mondiale, si l'on tentait de leur appliquer à une Allemagne libérée.

***

Notre conception de la paix découle de ce que nous venons de dire sur la manière dont nous envisageons la guerre.

Nous ne concevons aucune paix durable possible avec les Hohenzollern et les Habsbourg conservant leur pouvoir actuel.

Si elle était imposée au monde, elle ne pourrait conduire qu'à l'extension et au renforcement de la tyrannie, suivis d'une guerre nouvelle, dont la préparation absorberait pour une génération peut-être toutes les forces vives du monde et le condamnerait à la plus effroyable des stagnations matérielle, politique et morale.

Le plus grand danger du moment présent est de voir les pays libres, cédant à la lassitude, accepter une paix précaire, une paix qui ne résoudrait pas la question vitale qui se pose. Nous estimons que nous ne saurions nous y prêter sans trahir, dans ce qu'elles ont de plus profond, nos convictions socialistes.

Quant à la paix avec les peuples des puissances centrales, le jour où ils seront délivrés de leurs maîtres, soit par leur propre effort, soit par le nôtre, nous avons déjà eu l'occasion d'exposer nos vues à ce sujet, au Conseil des députés ouvriers et soldats de Pétrograde.

Le Conseil des ouvriers et des soldats de Pétrograde a formulé dans son appel aux socialistes de tous les pays les conditions essentielles de la paix générale qu'il poursuit : « Paix sans annexions ni contributions sur la base du droit pour tous les peuples de disposer d'eux-mêmes ».

Au nom des socialistes belges, qui nous ont donné mandat de les représenter à l'étranger, nous avons déclaré nous associer sans réserve au sentiment de démocratie et de justice qui a inspiré cette rédaction. Nous adhérons à tous ses termes, mais désirons expliquer clairement en quel sens nous les entendons. Comme toutes les formules très générales, celle du Comité est susceptible d'interprétations diverses, et il importe d'éviter dans ces échanges de vues les malentendus qui pourraient résulter de l'emploi de mots mal définis.

A. — *Pas d'annexions.* — Il y a annexion lorsque l'un des belligérants range de force et contrairement au vœu des habitants, tout ou partie du territoire de ses adversaires sous sa souveraineté. L'exemple classique est l'annexion de l'Alsace-Lorraine à l'Empire d'Allemagne. *Si, conformément au vœu des habitants,* ces provinces faisaient maintenant retour à la France, on ne saurait y voir une *annexion* au sens que nous venons de définir, nous serions au contraire en présence d'une *désannexion.*

De même, la constitution d'une unité polonaise, l'achèvement de l'unité italienne ou de l'unité serbe désirée par les populations intéressées ne porterait pas le caractère de violence et de contrainte caractéristique de l'annexion. Ces changements territoriaux ne serviraient qu'à la réalisation de fins nationales légitimes, conformes à toutes les traditions de la démocratie et à la doctrine si souvent formulée de l'Internationale.

Les socialistes belges n'ont pas attendu jusqu'aujourd'hui pour s'opposer chez eux à toute politique d'annexion. Une petite fraction de nos partis conservateurs a fait campagne pour qu'en cas de victoire complète des alliés la Belgique revendique une part importante des territoires allemands sur la rive gauche du Rhin, Aix-la-Chapelle, voire Cologne. Nos « annexionnistes » entendaient réclamer encore à la Hollande et la partie du Limbourg cédée à ce pays en 1839 et la Flandre Zélandaise qui nous donnera accès aux bouches de l'Escaut et nous assurerait ainsi en tous temps la libre navigation sur le fleuve. Notre effort a réussi à écarter du programme du gouvernement toute revendication de ce genre. Des documents publics en font foi et ils engagent tous les membres du cabinet. Nous nous contenterons de renvoyer à la déclaration annexée par la Belgique à la réponse commune faite par les Alliés au président Wilson. Il y est expressément déclaré que la nation qui, avant la guerre n'aspirait qu'à vivre en paix avec tous ses voisins, n'a aujourd'hui encore d'autre but que le « rétablissement de la paix et du droit, mais qu'elle veut une paix qui assurerait au pays des réparations légitimes et des garanties pour la sécurité de son avenir ».

Le refus de toute annexion n'implique pas nécessairement pour nous le maintien du *statu quo* territorial. Nous avons indiqué déjà qu'une modification de frontière nous paraît légitime quand elle est conforme à la volonté des habitants. Nous voyons, en ce qui concerne la Belgique, deux applications possibles de ce principe général.

Il y a au voisinage de Stavelot quelques villages wallons actuellement rattachés à la Prusse et qui paraissent désirer devenir ou redevenir belges. Le traité de paix pourrait faire droit à leurs aspirations si elles s'expriment de façon non équivoque.

De même si le petit État de Luxembourg, qui compte à peine 200 mille habitants, estime que son retour à la Belgique dont il a été détaché en 1839, présente pour lui des avantages supérieurs à ceux qu'il espère d'une existence séparée, nous croyons pouvoir l'accueillir dans l'unité belge à laquelle il adhérerait librement.

B. — *Pas de contributions.* — Nous entendons par contribution une amende, analogue à celle que Bismarck exigea en 71 de la France vaincue ou à celle que les Allemands imposent continuellement à la Belgique occupée. Cette contribution a le caractère d'un tribut levé sur le plus faible. C'est l'une des applications les plus cyniques du droit du plus fort. Il va sans dire qu'autant que le Comité des ouvriers et des soldats, nous en repoussons l'idée.

Mais justement parce que nous la repoussons de toutes nos forces, nous ne pourrions admettre que le traité de paix sanctionne en quelque sorte les contributions levées par l'envahisseur au cours de la guerre, en n'exigeant pas leur remboursement. La question présente pour la Belgique un intérêt tout particulier, nous dirons sans exagération un intérêt vital. Car s'il n'intervenait pas en cette matière une solution équitable, la plus grande partie de notre population ouvrière serait condamnée pour de longues années à la misère et au chômage, et ne pourrait échapper à la mort que par l'émigration en masse.

L'autorité allemande a, par la menace, la contrainte et la violence exigé de nos villes le paiement de plusieurs centaines de millions en argent. Depuis le début de l'occupation, elle lève en outre pour les besoins de l'armée une contribution mensuelle de *cinquante* millions et elle en a depuis quelque temps porté le montant à *soixante* millions. Elle a enlevé en nature pour plusieurs milliards de vivres, de matières premières, de machines. Elle a, dans l'intérêt des opérations militaires, opéré des destructions sans nombre et elle en a même opéré de considérables simplement pour terroriser les populations ou pour s'assurer à l'avenir un avantage économique en supprimant une concurrence gênante. La nation belge devra indemniser les victimes de ces violences et cette charge viendra s'ajouter à toutes celles que nous venons d'énumérer. Le comble de l'iniquité ne serait-il pas d'en faire peser le poids sur la victime même de l'agression, au risque de la voir succomber sous le faix? L'équité n'exige-t-elle pas que l'auteur de l'attentat répare dans la mesure où il est réparable le dommage causé par sa faute? Dès le 4 août 1914, le chancelier reconnaissait au Reichstag que l'Allemagne violait le droit de la Belgique et qu'elle lui devait réparation. Nous sommes fermement convaincus que la démocratie russe ne sera pas moins soucieuse que ne l'était alors le représentant du Kaiser de reconnaître en cette matière le droit évident d'une nation opprimée.

C. — *Le droit des peuples à disposer d'eux-mêmes.* — Dans notre pensée, ce droit implique de toute nécessité :

1º *Que les peuples n'aient pas de maîtres à l'intérieur,* qu'ils ne puissent être placés ou *maintenus* contre leur gré sous une souveraineté déterminée.

Le principe proclamé par le Sowiet s'oppose par là à la vieille conception du *statu quo* territorial sur laquelle la Sainte-Alliance avait fondée son action. Cette conception rattachait une fois pour toujours chaque province à un Etat ou plutôt la plaçait dans le domaine d'un souverain. Tout changement était considéré comme attentatoire au droit divin sur lequel la souveraineté était fondée. Mais aujourd'hui que la souveraineté est basée sur la volonté populaire, variable par nature, le droit des populations de changer leurs associations apparaît comme non moins essentiel que leur droit de les conserver. Il serait aussi tyrannique de maintenir contre leur gré dans l'Etat hongrois ou dans l'Etat autrichien la Bosnie, ou la Bohême ou la Transylvanie, qui aspirent à d'autres destinées nationales, que de rattacher de force à l'Empire Allemand, la Belgique qui éprouve une répugnance invincible à abandonner sa vie indépendante ;

2º Le droit des peuples à disposer d'eux-mêmes implique non moins nécessairement *qu'ils n'aient pas de maîtres à l'intérieur.*

Ce n'est que par un verbalisme décevant que l'on a pu par exemple parler du droit de la Russie à disposer d'elle-même avant la révolution, puisque le tsar, en fait, disposait de l'Empire. De même, nous ne pourrions dire en vérité que l'Allemagne dispose d'elle-même tant que le semi-absolutisme des Hohenzollern n'aura pas disparu. Ceci nous paraît essentiel. Nous considérons la constitution démocratique de l'Allemagne non seulement comme un droit qu'elle peut revendiquer, mais comme une condition à laquelle les autres nations ont le droit de subordonner leur adhésion à la paix générale. Nous pouvons en effet nous fier à un accord signé au nom d'un peuple majeur ayant la volonté et le pouvoir de conduire ses propres destinées ; nous ne pourrions voir qu'un nouveau « chiffon de papier » dans un traité qui ne serait garanti que par un empereur habitué à faire bon marché de la parole donnée et ayant comme par le passé le pouvoir de conduire à son gré un peuple docile.

Nous n'hésitons pas à ajouter que cette nécessité de la liberté à l'intérieur sans laquelle le monde ne peut connaître de paix stable, est d'ordre général. Ce que nous venons de dire peut trouver son application ailleurs encore qu'en Allemagne.

C'est partout que la constitution démocratique doit être introduite, développée ou consolidée pour que les peuples puissent enfin s'associer dans une même volonté de justice internationale. Notre pensée se rencontre entièrement sur ce point avec celle que le citoyen Max Donald exprimait récemment dans une lettre à l'un de nous, lettre qui a été rendue publique. Cette conception avait d'ailleurs été exprimée avec beaucoup de force dans les manifestes du président Wilson et toute la démocratie socialiste des pays alliés y a reconnu comme un écho de sa propre pensée. Nous croyons que sur ce point encore l'avis de nos amis russes est semblable au nôtre et que s'ils n'ont pas expressément mentionné la constitution démocratique des États et l'établissement d'une société des nations dans le programme qu'ils soumettent au prolétariat du monde entier, c'est parce qu'ils ont considéré l'une et l'autre comme implicitement comprise dans le droit des peuples de disposer d'eux-mêmes.

Nous nous réjouirons sans réserve s'il nous est donné de voir se poursuivre dans tous les pays, dans ceux qui sont gouvernés par la coalition des empereurs comme dans ceux de l'entente, une action énergique de la classe ouvrière contre l'impérialisme sur la base du programme que le Conseil des ouvriers et des soldats a formulé et dont nous nous sommes efforcés de discerner la portée exacte dans la première partie de ce mémoire.

Nous voulons affirmer encore qu'en ce qui les concerne, les socialistes belges n'ont pas manqué un seul jour au devoir de combattre la politique d'agression et de conquête. On nous a accusé d'avoir sacrifié à l'impérialisme parce que nous avons défendu notre indépendance et nos libertés nationales, d'accord avec toutes les classes de la nation, parce que l'un de nous a accepté une place dans le Comité de salut public qu'est le gouvernement du Havre. Ce ne sont pas les socialistes russes placés depuis la révolution devant les mêmes difficultés et qui ont été conduits par les événements aux mêmes solutions qui se feront l'écho de ces calomnies. Ils comprennent comme nous-mêmes que le devoir de défendre la liberté contre la tyrannie extérieure est aussi sacré que celui de la défendre contre la tyrannie du dedans.

Mais si nous ne renions pas notre conduite antérieure, si nous affirmons fièrement que notre parti et nous-mêmes avons accompli en cette matière tout notre devoir socialiste, nous nous empressons de constater, et nous constatons avec joie que la révolution russe a créé des conditions nouvelles qui permettent de donner à l'action anti-impérialiste une intensité et une portée nouvelle.

La Russie libre vient de reviser, de purifier ses buts de guerre, le moment semble venu où les partis socialistes alliés peuvent avec plus d'autorité et plus de chances de succès qu'aux temps du Tsar réclamer de leurs gouvernements respectifs qu'ils en fassent autant.

A l'action diplomatique que le gouvernement provisoire de Russie vient d'inaugurer dans ce sens peut donc et doit s'ajouter une action politique des partis socialistes, non seulement une action poursuivie auprès des ministres et des dirigeants, non seulement une action parlementaire, mais une action d'opinion publique, une action de masse. A cette œuvre nécessaire, positive, immédiate, nous sommes prêts à collaborer dans toute la mesure de nos forces. C'est par elle que peut se manifester en pleine publicité, au clair soleil la communauté de pensée et d'action du prolétariat et se reconstituer une Internationale qui serait autre chose qu'une réunion de comités.

Nous croyons fermement que l'Internationale doit se reconstituer *par la base*, que l'action de masse doit précéder l'action des congrès, que celle-ci d'ailleurs ne peut être fructueuse que si elle a appui sur celle-ci. C'est assez dire que nous ne saurions nous rallier dans les circonstances présentes à l'idée d'une conférence générale à laquelle seraient admis *sans conditions* les partis et fractions affiliés au Bureau Socialiste International.

Une réunion plénière à laquelle seraient admis ceux qui soutiennnent la politique actuelle de la majorité socialiste dans les empires centraux nous apparaît comme inutile et dangereuse.

A. — *Inutile* : parce que l'association de volontés contraires ne peut aboutir à l'action. Or, à notre profonde douleur, l'événement n'a cessé de montrer depuis le début de la guerre que les socialistes majoritaires centraux — ou tout au moins les chefs qui parlent en leur nom, les seuls que nous puissions rencontrer en conférence — pensent, sentent et agissent à l'opposé de nous.

Ils se sont joints dès le premier jour à l'agression dont nous avons été les victimes. Ils n'ont cessé de la soutenir. Ils la soutiennent encore. C'est avec leur complicité, c'est grâce à l'aide qu'ils donnent à leur empereur, que notre contrée est envahie et que nos camarades souffrent.

Nous combattons pour notre liberté et pour la défense de la démocratie universelle. *Ils soutiennent contre l'union des peuples démocratiques l'attentat militaire des derniers monarques semi-absolus. Ils soutiennent même ceux-ci contre les premiers efforts de la démocratie allemande. C'est eux qui déconseillent, qui combattent et qui préviennent la révolte contre les Hohenzollern.*

A quoi pourrait servir une rencontre entre eux et nous, à quoi pourrait-elle aboutir si ce n'est à quelque résolution équivoque, dont les mots savamment imprécis serviraient à cacher le désaccord des esprits. Nous estimons que c'est la franchise et la clarté, non l'habileté diplomatique, dont le prolétariat international a besoin en ce moment.

B. — Si la réunion projetée, dans les conditions où elle est projetée nous paraissait simplement inutile, nous pourrions nous y rendre par déférence pour nos camarades. Mais nous la trouvons dangereuse pour la cause de la démocratie et pour la cause de l'Internationale elle-même. C'est ce qui nous oblige à insister.

Elle est dangereuse parce qu'elle entretient l'équivoque, parce qu'elle obscurcit la situation, parce qu'elle entretient l'illusion qu'une paix juste et durable est possible avant que l'impérialisme d'agression ait été détruit, parce qu'en entretenant le faux espoir d'une solution équitable et prochaine elle détend les énergies et favorise le courant qui entraîne les volontés faibles vers la paix à tout prix. Nous qui n'aspirons qu'à la paix dans la liberté, nous ne pouvons nous associer à ce qui peut favoriser la paix allemande sous l'hégémonie du roi de Prusse.

Nous tenons à ce qu'il soit bien entendu que ce que nous refusons ce n'est pas de nous rencontrer avec les Allemands, c'est de nous associer avec les soutiens de l'impérialisme de Guillaume et de Charles.

Nous ne verrons aucune objection à concerter une action commune avec ceux qui, dans les empires centraux mêmes s'opposent à la politique d'agression et de conquête et poursuivent en somme, le même but que nous.

Nous ne nous refuserions pas à rencontrer les socialistes majoritaires, si, renonçant à leurs errements actuels, ils prenaient ouvertement et virilement parti contre leurs empereurs.

C'est mû par cette pensée que nous avons demandé, après les délégations françaises et anglaises, de ne pas admettre de plano à la conférence projetée tous les partis et fractions affiliés à l'Internationale, mais de mettre comme condition à l'admission de chaque groupement, sa franche adhésion à un programme anti-impérialiste qui servirait de base aux délibérations.

Le Soviet, dans un esprit de conciliation, a satisfait dans une certaine mesure à cette demande en déclarant que seuls seraient autorisés à prendre séance ceux qui accepteraient les principes de paix formulés par le Conseil des ouvriers et des soldats.

Malheureusement, la formule du Soviet admet des interprétations, extrêmement diverses. Il est donc incontestable qu'avant de pouvoir utilement servir de plate-forme à la Conférence, son sens doit être clairement précisé. Il y aurait sans cela, une équivoque fâcheuse à la base même de nos travaux et toute l'œuvre à laquelle la Russie nouvelle appelle l'Internationale en serait viciée dans son principe. Le point essentiel, vital, qui reste à discuter est donc celui de savoir par quelle procédure on pourra fixer cette interprétation commune, qui s'imposera ensuite à tous les participants et empêchera ceux qui sont séparés de nous par un abîme moral autant que par un abîme politique de changer le caractère de notre réunion *et de la faire servir à l'exécution de projets conçus dans les milieux gouvernementaux de Berlin et de Vienne.*

Trois méthodes se présentent immédiatement à l'esprit :

A. — La *première* consisterait à faire préciser le sens de la formule par le Soviet lui-même, qui l'a énoncée. Chaque parti aurait à décider ensuite s'il l'accepte. Mais le Soviet ne semble pas désirer s'engager dans cette voie. Il estime, croyons-nous, n'avoir pas qualité pour décider seul d'une question qui est d'intérêt international. Nous ne pouvons qu'apprécier ses scrupules.

B. — La *seconde* est celle que les organisateurs de la Conférence de Stockholm ont adoptée déjà : provoquer des échanges de vues séparées entre l'autorité convoquente et les différentes sections nationales ou leurs fractions. Toutes pourraient ainsi préciser leurs conceptions et leurs intentions. Bien des malentendus provoqués par la rareté des contacts personnels, depuis la guerre, entre les militants des divers pays, viendraient à disparaître et peut-être certaines conceptions générales finiraient-elles par se dégager, qui pourraient alors servir de base à la convocation d'une conférence générale des socialistes *anti-impérialistes*.

C. — Nous ajoutons que, dans notre esprit, cet échange de vues ne peut être utile que si l'on prend soin de leur enlever tout caractère de diplomatie secrète. Il ne faut pas que quelques militants plus ou moins mandatés s'entretiennent dans le demi-jour de réunions privées, et remplacent dans le débat les classes ouvrières réellement intéressées. Il faut qu'ils parlent au nom de leurs classes ouvrières, traduisent leur opinion consciemment, clairement, hautement exprimée. En d'autres termes, la condition préliminaire de tout débat utile est, dans tous les pays participants *cette action de masse* que nous avons essayé de préciser tout à l'heure. Elle seule d'ailleurs *peut garantir la sincérité des engagements*. Ceux-là seuls comptent à nos yeux qui se traduisent *en actes* et après la terrible expérience que nous avons faite on ne peut pas raisonnablement nous demander d'en accepter d'autres.

En résumé :

I. — Nous demandons que dans tous les pays, les socialistes mènent campagne, fassent un mouvement public, un mouvement de masses pour amener les Gouvernements à renoncer à tout but de guerre qui aurait un caractère impérialiste, à accepter la formule de paix du *Soviet*, expliquée et précisée.

II. — Nous acceptons l'idée d'échanges de vues analogues à ceux que provoque le Comité Hollando-Scandinave de Stockholm, échanges de vues basés sur l'action dont il est question au paragraphe précédent. Nous estimons que dans ces conditions, ils peuvent conduire à de grands résultats.

III. — Nous estimons enfin que les travaux préliminaires pourraient conduire à l'élaboration d'un programme de conférence générale assez précis pour éloigner toute équivoque, pour décourager toute manœuvre diplomatique de nos adversaires *pour éloigner les fractions nominalement socialistes* qui ne seraient pas décidées d'un cœur sincère à coopérer à l'œuvre anti-impérialiste à laquelle l'Internationale est conviée.

Et nous tenons à déclarer hautement que dès que ces conditions seront remplies, les socialistes belges seront heureux de se rendre à l'assemblée plénière de ce qui sera alors la véritable Internationale.

Avant de terminer, il nous reste un mot à dire au sujet de l'une des questions indiquées dans le canevas qui nous a été remis par le Comité Hollando-Scandinave : de la question flamande.

Au point de vue de la Belgique, il y a lieu de constater qu'il y a une opposition très nette entre les assurances constantes que l'on nous donne quant à l'indépendance politique du pays et la manière dont l'occupant l'administre et s'efforce d'en modifier les institutions fondamentales. Si l'intention de l'Allemagne est d'évacuer la Belgique et de respecter son indépendance, on ne comprend pas pour quelle raison elle suit une politique qui ne peut s'expliquer que par le désir de s'y maintenir. C'est notamment dans cet esprit qu'elle essaye d'exploiter la question flamande, d'opposer les Flamands aux Wallons et de démoraliser ainsi la nation.

Le peuple flamand désire rester belge dans une Belgique indépendante. Il n'entend pas accepter des mains de l'occupant des réformes conçues dans l'intérêt allemand. Il veut que les transformations linguistiques nécessaires soient l'œuvre du Parlement Belge, expression de de la volonté collective de la nation.

EMILE VANDERVELDE.
LOUIS DE BROUCKÈRE

Mémoire du Conseil général du Parti Ouvrier Belge, rédigé par Joseph Wauters, directeur du « Peuple » et député de Huy-Waremme, et adopté le 31 juillet 1917.

Le Parti Ouvrier Belge, dès le début de la guerre européenne, proclama :

1° Que la démocratie socialiste n'avait aucune responsabilité dans ce désastre ;

2° que les prolétaires belges donneraient leur effort pour arrêter l'invasion du territoire, d'un cœur d'autant plus ardent qu'en défendant contre la barbarie militariste la neutralité et l'existence de leur pays, ils avaient conscience de servir la cause de la démocratie et des libertés politiques en Europe ;

3° que les camarades appelés sous les drapeaux « dans n'importe quelles circonstances ils se trouvent devaient se montrer fraternels et bons et ne jamais oublier qu'ils appartiennent à l'Internationale Ouvrière ».

Après trois ans de deuil sans nombre et de lourdes souffrances, la classe ouvrière de Belgique peut affirmer fièrement devant le Prolétariat Universel, être resté fidèle, inébranlablement, aux principes ainsi proclamés à l'heure décisive ; comme au 4 août 1914, le Parti Ouvrier Belge est convaincu que la Belgique n'avait rien fait qui justifia l'odieuse agression dont elle saigne toujours ; les travailleurs socialistes belges ne regretteront jamais avoir souffert ni avoir donné leur sang pour la défense du droit ; les événements qui se sont déroulés ont renforcé leur opinion, à savoir qu'en défendant l'indépendance de leur pays, ils servent la cause de la démocratie et des libertés politiques en Europe ; ils ont conscience de n'avoir pas un seul jour oublié qu'ils appartiennent à l'Internationale Ouvrière.

Ils ont malheureusement dû subir la plus cruelle des désillusions en voyant abaisser et salir le haut idéal de liberté et de justice que symbolisait pour eux l'Internationale socialiste ; ils sont ardemment convaincus que la communauté des intérêts et des aspirations des travailleurs du monde entier renouera les liens rompus, mais il veulent avant tout, parce que c'est le seul moyen d'aboutir à une action féconde, rendre à l'Internationale toute sa grandeur morale, en y rétablissant la sincérité et la confiance réciproques; jamais ce but ne sera atteint sans la rétractation, la condamnation ou l'éloignement de ceux qui, par orgueil, par égoïsme, par aveuglement ou par faiblesse, ont trahi la cause de la démocratie et de la solidarité internationale.

***

On l'a répété dans tous les pays et sous toutes les formes : les causes profondes de la guerre gisent dans les antagonismes d'intérêts inhérents à la société capitaliste; ces antagonismes ont été exacerbés par les tendances impérialistes des grands États, favorisés par les ambitions dynastiques, et portés au maximum de tension par le développement croissant des armements, particulièrement accentués en Allemagne. La démocratie socialiste de tous les pays a dénoncé jadis, avec une énergie inlassable, ces antagonismes et leurs conséquences probables; elle a lutté presque seule pour l'arbitrage international, contre le militarisme; elle a flétri l'aveuglement des classes dirigeantes et l'impuissance de la diplomatie bourgeoise. Ce sera son honneur dans le passé.

Mais s'il est vrai que les responsabilités principales du conflit pèsent sur l'impérialisme, il ne peut cependant pas être un instant question de s'incliner devant cet espèce de fatalisme désespérant inclus dans des formules simplistes comme celle des malheureux soldats social-démocrates allemands, allant répétant à l'instar d'une leçon ou d'un mot d'ordre : « C'est le capitalisme qui a causé la guerre ! » Autant vaudrait s'incliner, résigné, devant l'abominable interprétation philosophique qu'un prince de l'Eglise — avec, peut-être, l'arrière - pensée d'excuser la monarchie catholique et apostolique d'Autriche-Hongrie — donnait à la guerre : « Dieu nous frappe pour mieux nous guérir ».

Tout le bon sens et tous les sentiments de la classe ouvrière, tout son passé de lutte et de revendications, protestent contre cette tendance à cacher sous des formules vagues les responsabilités actuelles et les complicités voulues ou inconscientes. Les travailleurs savent que l'exploitation capitaliste tend à exprimer sans pitié les forces à peine formées de la femme et de l'enfant ; cette conviction n'en a été qu'un motif de plus pour que, par l'action syndicale et politique, ils obligent le patronat à respecter leurs compagnes et leur progéniture. De même dans le domaine international, le prolétariat se refuse à rester la victime passive de puissances obscures, soi-disant souveraines et fatales.

Malheureusement, l'intensité de l'action prolétarienne contre la guerre ne fut pas toujours égale ni également fructueuse dans les divers pays ; et quand la catastrophe actuelle a éclaté, nous avons vu avec une douleur inexprimable l'immense majorité du prolétariat organisé des puissances centrales aider, approuver et même applaudir aux entreprises impérialistes de leurs gouvernements. Les ouvriers anglais se levèrent jadis pour protester contre la conquête sud-africaine ; les femmes d'Italie empêchèrent les trains militaires de partir pour les expéditions d'Abyssinie ; les travailleurs de Catalogne décrétèrent la grève générale contre les répressions marocaines ; la classe ouvrière belge collabora avec ardeur à la chute de l'odieux système d'exploitation établi au Congo sous le régime léopoldien ; les travailleurs russes profitèrent de la guerre russo-japonaise pour organiser leur première révolution en 1905.

Jamais le prolétariat allemand ne nous a offert le spectacle d'un de ces larges gestes de révolte ; au contraire, durant le long conflit franco-allemand au sujet du Maroc, tandis que la démocratie française forçait ses dirigeants, malgré les excitations des chauvins et des capitalistes de proie, à une politique de conciliation et de concession, au sein du parti socialiste allemand même il y eut des voix pour excuser les actes provocateurs du Kaiser et approuver la politique coloniale de l'empire.

Faut-il rappeler l'attitude hésitante et équivoque de la section allemande dans les Congrès internationaux, chaque fois que le militarisme venait en discussion? Le prolétariat universel accepta trop facilement l'explication tirée de la situation politique intérieure particulière à l'Allemagne.

Combien Jaurès avait raison quand, du haut de la tribune du Congrès d'Amsterdam, il lançait au parti allemand sa vibrante apostrophe : « Vous n'avez pas de tradition révolutionnaire, vous êtes impuissants politiquement. »

Mais il y avait pis que cela; des courants souterrains travaillaient les masses organisées, le colonialisme et l'impérialisme avaient leurs défenseurs dans les rangs du parti et achevaient la corruption des esprits et des cœurs qu'avaient commencé l'école et la caserne allemandes. Aux premières lueurs du formidable incendie qui s'alluma en août 1914 sur l'Europe, les élèves d'Hildebrand et de Leuthner allaient fêter leurs triomphes, dans les empires centraux, et entraînaient les masses, à la faveur des passions excitées et des mensonges officiels, à étaler un mépris total du droit et à glorifier l'esprit de conquête et de domination.

***

Après les guerres balkaniques, l'Autriche-Hongrie, avant-garde de l'impérialisme allemand, craignait de voir se fermer la route vers l'Orient et essayait de ramener sous son influence les jeunes états slaves qui avaient été appelés à la vie avec l'aide de la Russie. Mais en Serbie, particulièrement, il y avait des résistances, excitées par des passions nationalistes, alimentées par l'obstacle hongrois au développement économique serbe. L'Autriche-Hongrie profita de l'attentat de Serajevo pour les briser et envoya à la Serbie un incroyable ultimatum, avec l'approbation du Conseil de la Couronne d'Allemagne, réuni le 5 juillet 1914 à Berlin, avec le dessein évident d'acculer le petit pays à la guerre. Celui-ci céda cependant presque sur tous les points, s'en remettant, pour les conditions contestées, à la décision de la Cour d'arbitrage de La Haye. L'Autriche déclara la guerre qu'elle avait tenté d'entreprendre déjà en 1913, ainsi que le révéla Giolitti. La Russie manifesta nettement son intention de défendre ses protégés, et par là son influence dans les Balkans, et mobilisa partiellement.

L'Italie et la France intervinrent en faveur d'un règlement amiable. L'Angleterre proposa une conférence des grandes puissances que la Russie accepta. L'Autriche-Hongrie voulait d'abord, à tout prix, infliger une correction à la Serbie, ne consentait à discuter que pour le surplus, et repoussait la conférence des grandes puissances. L'Allemagne, autocratique et militariste, laissa les mains libres à son alliée et prit prétexte de la mobilisation partielle russe, qu'elle donna à son peuple pour complète, pour déclarer la guerre à la Russie après que celle-ci eut, au dernier moment encore, proposé de recourir à l'arbitrage de la Cour de La Haye. La France marqua sa volonté de paix en retirant ses troupes de la frontière pour éviter tout incident, et nous entendons encore la grande voix de Jaurès, emplissant l'immense vaisseau du Cirque de Bruxelles, se portant garant de la volonté de paix de son gouvernement; l'Allemagne lui déclara la guerre. La Belgique, amie sincère de tous ses voisins, ayant rempli strictement ses devoirs de neutralité, neutralité imposée, et que la Prusse a garantie, fut envahie; l'Angleterre prit son parti.

Y eut-il jamais dans l'histoire un cas plus clair où s'affirme d'un côté la volonté d'agression et de domination, de l'autre, le désir de conciliation et d'arbitrage? Que font les partis socialistes des puissances centrales? Le Reichsrath autrichien n'est pas même consulté pour voter des crédits, mais l'*Arbeiter Zeitung*, organe officiel du parti socialiste allemand d'Autriche, salue l'ouverture des hostilités comme une date mémorable et glorifie : « Der Deutsche Tag » (La journée allemande). Au Reichstag allemand, le 4 août, les députés socialistes unanimes votent les crédits, et tandis que le Chancelier avoue cyniquement l'attentat au droit des gens qu'il commet en envahissant le Luxembourg et la Belgique, ces hommes, dépositaires de l'honneur de l'Internationale, ne trouvent pas un mot de protestation ni même de regret. On a appris par la suite que quatorze d'entre eux, au sein de la fraction, avaient lutté pour que le groupe votât contre les crédits; mais par discipline! ils ont consenti à se rendre complices du crime qui s'accomplissait; par pusillanimité, ils ont manqué leur heure au cadran de l'histoire!

Pendant ce temps, les socialistes belges, se souvenant des déclarations du délégué allemand Müller, à Paris, le 31 juillet : « En Allemagne, un vote affirmatif est complètement exclu », malgré la violence inouïe faite à leur pays, croient que le prolétariat allemand est entraîné contre sa volonté, et des militants, Vandervelde en tête, visitent les premiers prisonniers et s'assurent qu'ils sont dignement traités. Ils devaient être cruellement déçus et étrangement récompensés.

Et les hordes prussiennes et allemandes déferlèrent sur le petit pays innocent et trop confiant, poussant devant elles, contre l'ennemi, des troupeaux de vieillards et de femmes, se comportant selon le mot d'ordre que leur chef suprême avait jadis donné à ses troupes opérant en Chine, contre les Boxers, c'est-à-dire à la façon des Huns, ne respectant aucune loi divine ni humaine, foulant aux pieds toutes les conventions, pillant, brûlant, assassinant; les ruines de Herve, Aubel, Visé, Andenne, Auvelais, Tamines, Monceaux, Dinant, Louvain, Aerschot, Termonde et d'innombrables villages sont des témoins éloquents de ces dévastations commises sans la moindre excuse d'ordre militaire. En quelques jours, la soldatesque fit plus d'orphelins parmi la population civile que la guerre elle-même n'en a faite en trois ans parmi les familles de militaires. La social-démocratie allemande se tut devant ces horreurs sans nom, tandis que la presse allemande ajoutait l'insulte et la calomnie à l'adresse du petit peuple écrasé et que le gouvernement allemand lançait l'odieuse légende des francs-tireurs.

Des représentants autorisés du parti allemand vinrent

contempler l'œuvre de leur nation et rendre visite à leurs « frères » malheureux. Hermann Wondel, qui cria un jour : « Vive la France » en plein Reichstag, vint soutenir que l'Allemagne avait été attaquée et que les soldats français étaient en Belgique avant l'armée allemande. Peut-être croyait-il aussi, cet homme, aux bombes de Nuremberg ! Liebknecht nous dit combien il était navré de ce qu'il apprenait, et le remords, devant nos ruines fumantes, se glissa dans son âme. Puis vinrent Noske et son acolyte Koster révéler, avec un cynisme déconcertant, le fonds de la pensée de la majorité allemande : « Il aurait fallu laisser passer ». Le respect des traités, l'honneur national, idéologie bourgeoise ! Il nous apporterait de bonnes lois sociales et le suffrage universel (lui, qui venait de la Prusse !?). En Allemagne, on ne pouvait voter contre les crédits sans provoquer la ruine des organisations ; quant à nous nous n'avions pas d'organisations. Au surplus, il s'offrait à nous recommander aux autorités supérieures ! Jamais ne s'étalèrent plus ouvertement l'orgueil insensé et l'esprit de domination de ce peuple, socialistes compris. Ce fut le même député Noske qui écrivit plus tard un livre pour la défense des incendiaires et des massacreurs de Louvain ; sur les murs en ruines ne prétendait-il pas avoir relevé les traces des balles des francs-tireurs !!!

Tandis que le monde retentissait des gémissements de nos populations torturées et que les protestations s'élevaient de toutes parts, tandis que l'empereur faisait afficher sur les murs de Belgique que son cœur « saignait » en pensant aux souffrances qu'il était obligé de nous imposer, le courant impérialiste, au sein de la social-démocratie allemande, apparaissait au grand jour, et l'on vit les Haenisch et les Lensch, les David et les Quessel les Göhre et les Sudekum entreprendre une croisade, par la plume et par la parole, en faveur de la mission « civilisatrice » de l'Allemagne, la plupart en falsifiant sans vergogne les doctrines immortelles que Marx a léguées aux prolétaires ; les chefs des syndicats, pour la plupart, et la majorité des élus laissèrent aller, souvent même en les approuvant, ces corrupteurs de l'esprit socialiste et révolutionnaire, qui trônent encore à l'heure actuelle à la tête du parti.

Dans les pays neutres, l'opinion socialiste comme l'opinion publique épousait partout la cause de la Belgique, mais si l'on comprend que les gouvernements, devant cette grande tourmente, aient essayé d'en garantir leur pays, il est cependant incroyable que les sections de l'Internationale n'aient pas plus nettement pris parti dans le conflit en dénonçant la politique et les actes des puissances centrales et de leurs partis socialistes, se réfugiant, elles aussi, derrière des formules générales qui exemptent de préciser les responsabilités. Il nous fut particulièrement pénible, dans cet ordre d'idées, de constater l'incohérente attitude de certains socialistes anglais qui, par haine particulièrement vive de l'impérialisme, s'acharnaient à blâmer leur gouvernement d'avoir participé à la guerre, ne voyant pas que l'abstention de l'Angleterre eût consacré le triomphe du pire des impérialismes et des militarismes. La classe ouvrière belge, dont le cœur bat d'un amour et d'une admiration sans bornes pour la France héroïque, sera éternellement reconnaissante à l'Angleterre d'avoir respecté les traités et sauvé son indépendance, au lieu de jouer, à l'instar des neutres sans courage, le rôle de Ponce-Pilate que lui conseillaient certains socialistes.

***

Après les premières semaines d'exaltation patriotique, après que le monde entier eût retenti d'indignation au récit des infamies commises en Belgique, après que la vérité eût filtré, malgré tout, à travers les documents diplomatiques publiés, après, surtout, l'échec décisif que les armées impériales subirent à la Marne, on aurait pu croire que la démocratie socialiste allemande allait se ressaisir. Il n'en fut rien! Scheidemann repoussa la proposition, de nos amis de Hollande, d'enquêter en Belgique sur la façon dont on conduisait la guerre. Pour la séance

4

du Reichstag du 2 décembre 1914 — c'est Haase qui le raconte — il fallut, au sein de la fraction socialiste, de longs débats pour obtenir qu'en tête de la déclaration officielle du groupe il y eût un bref passage rappelant les paroles du Chancelier, du 4 août, au sujet de la Belgique.

Ayant oublié dès le premier jour le haut idéal du droit qu'incarne l'Internationale, la majorité de la sociale démocratie allemande devait rester liée au militarisme et à l'impérialisme dont elle s'était faite l'instrument et aller jusqu'au bout en se rendant complice et solidaire d'attentats sans nombre au droit des gens : c'est ainsi qu'elle a assisté muette à la destruction systématique en Belgique, de toutes les industries par l'enlèvement de toutes nos machines, de toutes nos matières premières; qu'elle a laissé condamner nos ouvriers du chemin de fer et nos carriers qui refusaient de travailler pour l'ennemi; qu'elle s'est tue devant les innombrables condamnations, à la déportation, à la prison et à la mort qui n'ont cessé de tomber dans les rangs de notre population inflexible, souvent sans le moindre jugement.

Cependant, au Reichstag, la majorité socialiste, à chaque séance, au lieu de prendre nettement position, favorisait les desseins du gouvernement en votant toujours des motions équivoques favorables à la politique des impérialistes; quand la fraction interpella en novembre 1915, au sujet de négociations de paix désirables, la majorité rejetta la formule introductive émanant de la minorité, et qui propose des négociations sur la base tant prônée actuellement : « Sans annexions et sans indemnités »; du reste Heine n'applaudit-il pas les déclarations du gouvernement disant que ce sont les événements militaires qui fixent le moment de parler des conditions de paix, et Sudekum ne revendique-t-il pas ouvertement des « garanties de frontières nécessaires pour son pays » et « des liens économiques étendus entre les états européens »; docilement, après chaque débat au Reichstag, la majorité ne votait-elle pas en faveur du gouvernement après qu'au nom des partis bourgeois Spahn et Bassermann eussent interprété ses déclarations comme favorables à ces « garanties nécessaires à l'Est et à l'Ouest ».

Même attitude équivoque et tolérante à l'égard du gouvernement quand se pose la question des sous-marins : la majorité socialiste suit la majorité bourgeoise et vote la résolution commune évidemment favorable à l'utilisation à outrance de l'arme nouvelle, sans égard pour le droit des gens, ainsi que le prouva sur-le-champ la minorité, et que l'ont montré dans la suite les événements. Mais c'est lors de l'enlèvement en masse par dizaines de mille, des ouvriers belges, — chômeurs ou non — que le mépris des droits essentiels de tout homme, de tout travailleur devait s'afficher avec le plus de cruauté et de cynisme; où sont restées les protestations des socialistes de la majorité? Ils se sont maussadement et conditionnellement associés en quelques phrases, aux efforts de la minorité. Où sont restées leurs protestations contre les traitements abominables dont ces malheureux furent l'objet dans les camps allemands, en plein et rude hiver, sans feu, sans nourriture, sans couverture parfois!!!

Et avec une inconscience qui dépasse toute imagination, Bauer, un de leurs chefs syndicaux, ose alors venir dire au secrétariat de la Commission Syndicale de Belgique que les mesures contre les chômeurs ont été suggérées par des industriels du Hainaut, que la majorité socialiste n'ose trop hautement protester par crainte de l'opinion publique, que les députés socialistes ne savent rien de ce qui se passe dans les camps où ils ne peuvent se rendre!!! Mais il affirme que ses collègues travaillent dans les coulisses et que nos malheureux camarades obtiendront justice!!!

Seulement, aujourd'hui encore, en juillet 1917, des milliers d'ouvriers belges, enlevés de force en décembre 1916, attendent toujours leur rapatriement, en dépit de la promesse faite par l'empereur lui-même; ceux qui reviennent, partis pleins de vigueur et d'énergie, nous sont rendus comme des spectres, tandis que d'autres, en grand nombre, sont morts en exil ou dès leur retour.

Mais le martyre des ouvriers n'est pas terminé, car à mesure que les zones d'étapes s'étendent en notre pays, les chefs militaires se rabattent sur nos compatriotes pour les envoyer, non plus travailler dans les usines d'Allemagne, mais dans les tranchées allemandes mêmes au front de l'Ouest, sous le feu des alliés, et on a vu des malheureux, pendant la bataille des Flandres, obligés d'aller porter des munitions aux pièces d'artillerie allemandes en action. Le militarisme tout puissant, qui n'a pas su vaincre dans les camps allemands la résistance des travailleurs belges, prend sa revanche.

Quand la démocratie socialiste allemande a-t-elle élevé la voix contre ces atrocités? Et si elle l'a fait — dans les coulisses, peut-être — quelle est donc son influence sur son gouvernement? Et si celui-ci, malgré tout, persiste dans ses agissements, pourquoi lui vote-t-on toujours les crédits nécessaires à son œuvre de haine?

Faut-il rappeler aussi toutes les mesquineries, les vexations, les blessures de toutes les heures, les mesures odieuses ou ridicules que la population belge subit depuis trois ans? On ferme les écoles faute de charbon, dans un pays qui en produisait en surabondance, et cela, parce que l'occupant, pour améliorer son change et se procurer des vivres, réquisitionne le charbon et le vend aux neutres; on empêche les comités d'organiser l'enseignement technique et professionnel des ouvriers, des jeunes gens chassés des usines, où l'on ne peut plus occuper que 12 ouvriers à la fois; on interdit aux communes des travaux d'utilité publique; on laisse le peuple sans pommes de terre durant six mois de l'année, dans un pays où, en temps normal, on exportait des centaines de milliers de sacs; on favorise la contrebande des produits alimentaires vers l'Allemagne, malgré les engagements pris; on assiste à la faillite éclatante de cette organisation allemande, tant vantée, dans tous les domaines de l'alimentation, de telle sorte que les ouvriers ne connaissent plus depuis de longs mois ni le goût de la viande ni celui du beurre et se voient condamnés à vivre d'un peu de pain et de soupe, tandis que l'occupant, contrecarrant de toutes les façons les initiatives des communes et des comités, trafique de tous les produits indigènes avec le plus absolu détachement des règles les plus élémentaires de la plus simple probité.

Puis, c'est la corruption en grand et la désunion semée dans les rangs de notre population par l'exploitation des revendications flamingantes. Parce qu'on n'a pu réussir auprès de la classe ouvrière organisée, qui a refusé fièrement les cadeaux avilissants offerts par M. le conseiller intime Dittmann, au nom de l'Empereur, on s'est tourné vers quelques fanatiques au sein desquels on a distingué quelques individus sans autorité, parfois perdus de dettes et d'honneur, dont a fait le « Conseil des Flandres », et en opposition avec tous ceux qui ont un mandat public en Flandre ou qui ont joué un rôle au sein du mouvement flamand, en opposition avec les conventions internationales, au moment où l'on tente de faire croire au monde qu'on désire une paix de réconciliation, on applique un plan de séparation des Wallons et des Flamands, qui révolte la conscience publique; on emprisonne et on déporte les fonctionnaires fidèles à leur serment, qui refusent d'aider l'ennemi dans son œuvre de division et de destruction.

L'on voit ensuite le *Vorwaerts* encourager les brebis galeuses et écrire que ces mesures auront un bon effet sur la « Kultur » en Flandre.

« En quelque circonstance que tu te trouves, montre-toi fraternel et bon », avait crié le Parti Ouvrier Belge, le 3 août, aux camarades enrôlés sous les drapeaux. Que nous voilà loin, hélas, du dernier reste de fraternité et de bonté. Dissipant toutes illusions, le militarisme allemand a jeté dans le cœur du prolétariat belge des ferments de haine indéracinables, et nous pensons souvent avec effroi au jour, où, la nation libérée, tout le flot des injustices et des souffrances, des misères et des ruines, des crimes et des hontes infligées à la nation viendra à la lumière, entraînant avec lui des haines telles que l'histoire en aura peu connues.

Et c'est aux hommes qui, au nom de leur classe, ont permis ces horreurs, ont voté les crédits nécessaires pour les commettre, sont restés silencieux ou impuissants, consentants ou résignés, c'est à ces hommes que des socialistes de l'Internationale demandent aux travailleurs belges de tendre la main, et c'est avec ces hommes qu'il faudrait discuter les bases de la paix future — d'une paix juste et durable! — d'aucuns mêmes nous y convient en disant d'avance : « Passez l'éponge sur le passé! Voyez l'avenir! »

* * *

On nous dit : « Mais ils ne sont pas tous les mêmes! » Nous entendons bien. Nous avons écouté avec une attention anxieuse les moindres bruits venant d'Allemagne. Nous avons vu ces femmes admirables, Rosa Luxemburg et Clara Zetkin, jetées en prison, au milieu des prostituées, pour avoir, au premier jour, élevé bien haut la bannière de l'Internationale; nous avons suivi les efforts de Liebknecht, de Mehring et de leurs camarades pour dessiller les yeux aux travailleurs allemands; nous savons de quelles condamnations ils paient leur audace; nous avons vu peu à peu la minorité, à la tête de laquelle se trouvent les vétérans de la social-démocratie, Bernstein, Kautsky, Haase, sortir de son inertie, renier ses fautes de la première heure, se dégager de l'étreinte mortelle d'une discipline avilissante; nous les avons vu rompre avec la majorité et, malgré les difficultés sans nombre dues à l'état de guerre, à la censure et à la répression, nous avons vu se dessiner, dans les masses, un courant qui lui est de plus en plus favorable. Malgré tout, nous ne pouvons oublier que ces hommes se sont laissés circonvenir et abuser, qu'ils ont manqué de clairvoyance et de courage, qu'ils n'ont pas crié leur protestation et leur douleur quand le militarisme prussien frappait sans pitié le pauvre prolétariat belge; et celui-ci est resté méfiant, attendant avec passion des gestes plus décisifs.

Au surplus, quel accueil les efforts de la minorité ont-ils trouvé auprès de la majorité du parti? Avec la complicité de la censure militaire, d'accord avec les dirigeants des syndicats, les chefs du parti, prisonniers du gouvernement, ont extorqué les journaux socialistes indépendants, à Berlin, à Stuttgart, à Brême, à Duisbourg, à Kœnigsberg; ils ont jeté hors du Comité directeur du Parti les militants les plus éprouvés, parce que, restés ou redevenus fidèles aux principes de l'Internationale; ils ont aidé servilement les autorités militaires, par le vote de la loi sur le service civil, à ligoter la classe ouvrière; ils ont chassé Clara Zetkin de la direction de la *Gleichheit*, le vaillant organe des femmes socialistes; ils ont laissé diffamer dans leur organe officiel l'héroïque Frédéric Adler, coupable sans doute d'avoir tiré l'Autriche de l'atmosphère d'absolutisme et d'étouffement où elle agonisait, mais, d'autre part, ils ont toléré la propagande et l'action des socialistes impérialistes qui prônaient ouvertement la mission « civilisatrice » et dominatrice de l'Allemagne, et allaient, en septembre dernier, jusqu'à préconiser une paix séparée, non pas avec la Russie révolutionnaire, mais avec la Russie du Tsar; ils ont désavoué hautement les gestes de révolte des travailleurs berlinois réclamant un peu plus de pain.

Et c'est quand on voit les travailleurs allemands faire un retour sur eux-mêmes, se détacher peu à peu de leurs mauvais bergers, renier leurs mandataires, comme ce fut le cas pour Scheidemann à Solingen, c'est à ce moment que des socialistes neutres viennent dire aux socialistes belges : « Ne discutez pas le passé. Reprenez les relations. Venez discuter avec eux comme avec de bons socialistes! » Comment veut-on que nous croyions à la sincérité socialiste et à l'esprit d'équité de ces hommes, alors qu'ils ne savent être ni justes ni tolérants pour les leurs, pour les meilleurs parmi les leurs? Le Parti Ouvrier Belge a une plus haute idée de ce que doit être une réunion socialiste internationale et cela explique pourquoi, jusqu'à présent, il a refusé toute invitation venant d'une section « neutre » de l'Internationale.

Mais il y avait d'autres raisons encore pour lui de

refuser de se prêter aux tentatives de rapprochement émanant de l'un ou de l'autre neutre complaisant. Certes, les ouvriers belges n'ignorent pas les sympathies ardentes et agissantes dont ils jouissent auprès de la plupart des sections de l'Internationale; seulement, ils n'oublient pas non plus les attitudes de certains soi-disant neutres; ils n'oublient pas que le Suisse Greulich prêta son concours à la démarche de Nathan, auprès des socialistes italiens, pour les encourager, en leur offrant 100,000 fr., dans leur propagande contre la guerre; ils n'oublient pas le scandaleux voyage de certains militants scandinaves à travers la Belgique, sous l'égide de l'occupant, évitant de se documenter auprès des militants belges, dans le but évident de tromper l'opinion publique internationale; ils ont encore présent à la mémoire la lamentable aventure de Grimm, utilisant les pires procédés de la diplomatie secrète bourgeoise — oh! ces purs! — pour amener les révolutionnaires russes à traiter avec l'autocratie et le militarisme prussiens; ils viennent de voir enfin, avec stupeur, Troelstra, président du Comité hollando-scandinave, accueillir de prétendus représentants des prétendus activistes flamingants socialistes, gens sans le moindre mandat ni la moindre autorité, et discuter avec eux, avec un sérieux frisant la bouffonnerie. N'est-ce pas là plus qu'il n'en faut pour rendre les démarches de ces neutres tout au moins suspectes?

* * *

Est-ce à dire que le Parti Ouvrier Belge dénie toute valeur et refuse de participer à tout effort tenté pour jeter plus de lumière sur la situation générale? Rien n'est plus loin de sa pensée et de ses désirs. Il a approuvé en septembre 1914, le déplacement provisoire du Bureau Socialiste International afin que celui-ci pût maintenir debout l'organisation internationale; il a acté avec satisfaction les résolutions, favorables à la Belgique, des Conférences des sections neutres à Copenhague en 1915 et à La Haye en 1916; il a été heureux de participer à la Conférence de Londres, en février 1915, où pour la première fois un des groupes des belligérants formula les principes d'une paix durable et féconde, principes auxquels personne n'a rien ajouté depuis; il a été le premier à répondre à l'appel du Bureau Socialiste International de La Haye, en février 1915, demandant que chaque section alla exposer son point de vue; il a, dès décembre 1916 renouvelé son opinion et précisé de quelle façon il concevait la paix et la lutte en faveur de celle-ci; il a suivi avec la plus soigneuse attention le défilé des sections de l'Internationale devant le Comité mixte de Stockholm.

Que lui ont appris ces conférences et ces rencontres? Elles l'ont de plus en plus confirmé dans l'opinion qu'il a exprimée, dès la première heure de la guerre, qu'il s'agissait, dans ce conflit sans précédent, de la lutte décisive entre deux principes irréductibles : ou le monde continuera à vivre sous la menace et dans l'anxiété des coups de force et des tentatives de domination des puissances du passé, se dérobant au contrôle et à l'action de peuples tenus en tutelle, ou l'on verra demain les peuples libres, disposant souverainement de leur destinée, dans la communauté des nations comme pour le règlement intérieur de leur vie sociale. L'espoir tenace qu'avaient les prolétaires belges dans le triomphe de la démocratie s'est transformé en une certitude absolue quand ils ont vu, avec une émotion profonde et joyeuse le prolétariat russe, le plus persécuté du monde, rompre ses chaînes et conquérir du premier coup, pour son pays, la première place au sein des démocraties modernes.

Il n'était pas difficile de se rendre compte du désir ardent et légitime du peuple russe d'avoir une paix rapide afin de pouvoir consolider ses conquêtes intérieures; le gouvernement allemand essaya d'en profiter pour conclure une paix séparée, n'hésitant pas, dans ce but, à favoriser l'action de certains de ces « dangereux » révolutionnaires russes qu'il avait jadis traqués sans vergogne pour plaire au Tzar; on le vit même faire des protestations de quasi-amitié au gouvernement révolutionnaire. Espérant jeter le trouble et l'hésitation dans l'esprit des masses russes, le gouvernement austro-hongrois, d'ailleurs poussé par des difficultés intérieures plus grandes, alla plus loin et affirma nettement qu'il n'envisageait aucune annexion ni indemnité *du côté de la Russie*, négligeant de dire ce qu'il comptait faire du côté des Serbes, des Roumains et des Monténégrins. Une fois encore, au cours de ces manœuvres, on vit la majorité de la sociale-démocratie allemande essayer, de toutes ses forces, de faire croire à la sincérité et à la loyauté de ces déclarations équivoques et pleines de réticences.

Au lieu de montrer au prolétariat allemand l'exemple viril du peuple russe rejetant ses tyrans, au lieu de dresser toutes les forces démocratiques et révolutionnaires contre le dernier noyau d'autocratie et de réaction qui subsistait en Europe, au lieu de s'appuyer sur la révolution russe pour travailler à dicter à l'Europe une paix basée sur les principes de l'Internationale Socialiste, les chefs de la majorité de la sociale-démocratie allemande tentèrent de s'en servir pour assurer une paix allemande qui laisserait debout le militarisme prussien et l'autocratie de droit divin (!) des Hohenzollern.

* * *

Quand les délégués de la majorité de la sociale-démocratie allemande ont répondu au questionnaire du Comité hollando-scandinave de Stockholm, ils ont encore une fois révélé qu'au-dessus du droit des peuples de disposer librement d'eux-mêmes, ils placent le triomphe du « Deutschtum » et n'entendent restituer à aucune nationalité européenne les libertés que le militarisme et l'autocratie prussienne leur ont ravies jadis. La formule du Comité des Ouvriers et Soldats de Russie, interprétée loyalement, peut servir de base à l'établissement d'une paix durable; mais la majorité de la sociale-démocratie allemande l'interprète dans un sens péjoratif, d'accord sur ce point avec la majorité de la sociale-démocratie allemande d'Autriche.

Le Parti Ouvrier Belge ne conçoit pas qu'il y ait la

moindre utilité à discuter avec ces sections aussi longtemps qu'elles gardent cette attitude manifestement contraire aux principes essentiels de l'Internationale. Le Parti Ouvrier Belge sait bien que la majorité allemande ne veut plus faire de conquêtes territoriales au détriment de la Belgique; mais les déclarations faites à Stockholm renferment cependant au sujet de nous ne savons quelle vassalité possible de notre pays, à l'égard de la France et de l'Angleterre, une allusion peu déguisée à des garanties nécessaires qu'on ne précise pas; en outre il ne faudrait pas qu'on s'imagine que le prolétariat belge, s'il insiste tant sur la justice de sa propre cause et sur les malheurs qui l'ont frappé, ne songe qu'à ses intérêts nationaux : c'est au contraire parce qu'il aspire ardemment à voir s'établir en Europe des conditions politiques permettant au prolétariat international d'agir avec le maximum de force, qu'il est de tout cœur avec toutes les nationalités opprimées et veut leur complète délivrance.

Le Parti Ouvrier Belge veut le retour pur et simple de l'Alsace-Lorraine à la France et considère cette réparation comme une condition essentielle d'une paix durable en Europe; il veut la reconstitution d'un Etat de Pologne libre et indépendant, non seulement avec la Pologne Russe, mais avec la Galicie et la Pologne prussienne; il veut que la paix amène la libération des Tchèques, des Slovaques, des Ruthènes, des Italiens, des Serbes, des Roumains, actuellement soumis à une minorité allemande en Autriche et aux Magyars de Hongrie; il veut que les Arméniens échappent au joug turc sous lequel ils ont tant souffert, en entrant par exemple dans la grande famille des nations russes autonomes; il veut, en un mot, que le principe du droit pour les peuples de disposer d'eux-mêmes soit réellement appliqué avec toute sa logique dans toute sa sincérité.

La classe ouvrière belge, depuis trois ans, a appris à connaître de quels sentiments devaient être animés les peuples soumis malgré eux à une domination étrangère, elle songe sans cesse aux souffrances de l'Alsace-Lorraine, aux dizaines de milliers de Polonais pendus en Galicie depuis la guerre, aux brutalités sans nombre auxquelles ont été soumis les Italiens du Trentin, à tout ce que l'absolutisme autrichien a infligé de douleurs aux Tchèques, aux Serbes et aux Slovaques; elle estime qu'aucun sacrifice n'est trop lourd qui assurera une vie indépendante et libre à ces nationalités opprimées et c'est pourquoi elle ne veut pas de paix prématurée qui rétablirait le « *statu quo anto bellum* ».

Or, c'est le *statu quo* que veut la majorité de la sociale démocratie allemande, comme la section allemande d'Autriche; de quel droit et en vertu de quels principes, ces socialistes prétendent-ils ainsi continuer à sacrifier la liberté de tant de peuples aux intérêts et aux ambitions de leurs autocrates? Ils renient les éloquentes protestations de Bebel, Liebknecht et Schweitzer contre l'annexion de l'Alsace-Lorraine en 1871; ils n'acceptent plus — même pour terminer la guerre — ce que Fr. Engels, il y a 25 ans à peine, leur indiquait comme devoir immédiat : « La sociale-démocratie allemande ne pourrait exercer ni garder le pouvoir, disait-il, sans réparer les injustices que ses prédécesseurs ont commises à l'égard d'autres peuples. Elle préparera le rétablissement de la Pologne trahie par la bourgeoisie française; elle devra placer le Schleswig et l'Alsace-Lorraine en situation de se prononcer librement sur leur avenir politique »; ils sont plus allemands que Lassalle qui dénonçait jadis « l'Autriche comme l'Etat le plus hostile à la civilisation qui soit en Europe »; qui aurait voulu « connaître le nègre qui comparé à l'Autriche, n'apparaîtrait pas comme un blanc »; cette Autriche, « principe réactionnaire, ennemie la plus redoutable de toutes les idées de liberté », que Frédéric Adler nous a révélée toujours pareille au cours de cette guerre.

* * *

Au sujet des indemnités légitimes dues à divers pays, la majorité socialiste allemande garde la même attitude hostile; la Belgique, la Serbie, la France ravagées n'auraient qu'à panser leurs plaies elles-mêmes, et cela, en vertu de l'interprétation allemande de la formule « sans indemnités ». Comment! en ce qui concerne la Belgique, par exemple, l'Allemagne aurait pu impunément prélever de lourdes contributions de guerre, par centaines de millions, sur les provinces et les villes, frapper des amendes sans nombre sous les moindres prétextes, parfois les plus ridicules, sur les villes, les villages et les particuliers; elle aurait pu enlever nos machines et nos matières premières; détruire systématiquement des usines, saisir les produits fabriqués les plus divers à des prix ruineux, arracher des milliers de kilomètres de voies de chemins de fer; liquider, pour en faire un honteux trafic, les entreprises de tous ceux qui n'ont pas voulu aider l'ennemi; ravager et incendier des villes et des villages entiers sans la moindre raison militaire; massacrer en tas des milliers d'habitants sans défense; exporter en masse des ouvriers pour les laisser ensuite mourir lentement de faim, de froid ou de mauvais traitements; faire en un mot que bientôt il ne reste plus une famille où l'on n'ait à pleurer des morts, des ruines, des déchéances physiques et morales ou de dures condamnations...

Et les auteurs responsables de ces maux, d'après la majorité socialiste allemande, après avoir tout pris, tout volé, tout détruit pour leur œuvre de domination, leur coup manqué, auraient le droit de se retirer, quittes et libres de toute réparation, reniant du même coup la promesse solennelle faite le 4 août 1914, au Reichstag, par le chancelier et maintenue, le 2 décembre 1914, par la fraction socialiste unanime. Et l'on ajoutera, sans doute, qu'il faut encore leur donner des garanties qu'ils pourront immédiatement reprendre les relations d'affaires comme par le passé, sans le moindre obstacle, afin d'inonder le monde librement de leurs produits, tandis que, durant de longs mois, la classe ouvrière belge devra dépenser ses forces à reconstruire les usines, avant que ses industries ne puissent écouler une seule tonne de marchandises. Ah! oui! s'il le faut, s'il nous est impossible, dans ces conditions, de nous relever, on veut bien nous faire la charité, mais en la puisant, pour la plus grosse part, dans la poche de nos alliés. Le Parti Ouvrier Belge ne veut pas, pour son pays, d'aumône de ce genre; il ne veut pas voir ses concitoyens réduits à ce rôle de mendiants; il ne veut que son droit et il l'aura!

Mais qu'attendre de prétendus socialistes dont la mission fondamentale est de lutter contre toute exploitation de l'homme par l'homme et qui, dans les circonstances les plus tragiques, par égoïsme national, admettent et couvrent l'exploitation cynique ou systématique d'un petit peuple vaillant et loyal par un autre plus puissant, entraîné par ses maîtres dans une œuvre de domination; comment demander aux victimes d'aller discuter en toute confiance avec les représentants de telles conceptions?

* * *

Le Parti Ouvrier Belge se refuse donc à participer actuellement à une conférence où serait représentée la majorité de la sociale démocratie allemande; il n'en attend rien aussi longtemps qu'elle garde son attitude actuelle et qu'elle continue à soutenir l'autocratie et le militarisme prussiens; il ne veut pas, en l'acceptant actuellement à discuter sur un programme de paix, aider à tromper la classe ouvrière internationale; il ne veut pas non plus réhabiliter la majorité allemande devant les travailleurs allemands eux-mêmes, qui ont commencé à se ressaisir; il n'acceptera en tout cas jamais qu'une réunion quelconque ait lieu sans que la question des responsabilités n'y soit vidée à fond, car de là découlera toute possibilité d'action pour l'avenir.

* * *

Si le Parti Ouvrier Belge considère comme moralement impossible une conférence avec les délégués de la majorité, il n'a plus les mêmes raisons de refuser toute rencontre avec les délégués de la minorité; l'attitude courageuse de Liebknecht; la lutte persévérante de la minorité contre les courants impérialistes; les déclarations nettes formulées à Stockholm; le discours catégorique de Haase au Reichstag, le 20 juillet, sont autant d'indices qu'il y a en Allemagne, au sein du prolétariat, des forces socialistes restées saines, sur lesquelles l'Internationale pourra s'appuyer à nouveau quand la lumière aura été faite complètement sur le passé et que la confiance réciproque sera revenue entière.

Le Parti Ouvrier Belge ne refuserait donc pas d'assister à une conférence avec les délégués de la minorité socialiste allemande en vue d'échanger les explications nécessaires au rétablissement de cette confiance réciproque, indispensable à toute action. Mais dès maintenant, le Parti Ouvrier Belge tient à dire qu'il ne peut accepter la tactique suggérée par la minorité pour réaliser le programme de paix.

La minorité réclame, en ce qui concerne les nationalités, la reconstitution de la Belgique tout à fait indépendante; de la Serbie, que rejoindraient les Serbes d'Autriche; de la Pologne avec ses trois parties, y compris la Pologne soumise à la Prusse; elle réclame une solution définitive de la question d'Alsace-Lorraine, en permettant à la population, par une consultation loyale, d'exprimer ses aspirations; en un mot, pour toutes les nationalités opprimées, la minorité revendique le droit réel de décider de leur sort et de vivre en pleine autonomie.

La minorité socialiste allemande veut aussi, conformément à l'engagement pris le 4 août, par le chancelier, que l'on indemnise la Belgique; elle préconise enfin le désarmement général, l'arbitrage obligatoire, de libres relations commerciales entre les peuples, la protection internationale des travailleurs, le respect des droits des indigènes aux colonies et le droit pour toutes les nations d'y commercer librement. Le Parti Ouvrier Belge rappelle qu'il a exprimé les mêmes aspirations dans sa note du 12 décembre dernier. Mais la minorité socialiste allemande ajoute que la continuation de la guerre ne peut réaliser ces buts et elle exige des négociations de paix immédiates. Le Parti Ouvrier Belge se refuse catégoriquement à entrer actuellement dans cette voie, illusoire et dangereuse.

* * *

Illusoire! ainsi que l'ont prouvé avec une force renouvelée les derniers événements survenus dans la politique intérieure allemande. Certes, la longue durée de la guerre, ses souffrances et ses misères — et surtout l'impossibilité manifeste de vaincre — ont fait réfléchir les masses allemandes au sein desquelles se dessine un vaste courant de paix; ce désir de paix est tel qu'on a vu le Centre catholique, par crainte de sa popularité, et non par esprit d'équité, changer d'attitude et essayer de faire croire qu'il ne veut qu'une paix de réconciliation. Mais la formule votée au Reichstag avec, une fois de plus, la complicité de la majorité socialiste, manque de netteté et de loyauté, les socialistes de la majorité, le centre catholique, le chancelier et les Alldeutschers l'interprètant chacun à leur manière et selon des aspirations les plus diverses.

La formule fut-elle nette et hostile à toute conquête, ouverte ou dissimulée, toutes les déclarations du gouvernement allemand et de tous les partis qui le soutiennent sont catégoriquement hostiles et à la reconstitution d'une Pologne complètement indépendante et à une solution loyale de la question d'Alsace-Lorraine. L'intervention des autorités militaires supérieures et du kronprinz dans la crise récente, l'affirmation solennelle du nouveau chancelier que Hindenburg et Ludendorff approuvent ses déclarations montrent à suffisance que le militarisme et l'impérialisme sont encore tout-puissants dans la politique intérieure et extérieure de l'Allemagne. Comment la minorité socialiste allemande espère-t-elle, en faisant la paix, briser ces forces, les faire reculer ou les faire céder?

N'est-ce pas la minorité elle-même qui dénonce le mensonge dans lequel se complait la majorité en ce qui concerne la démocratisation de la Prusse et l'introduction d'un contrôle parlementaire réel en Allemagne? Si même la majorité du peuple allemand était revenue à des conceptions conciliatrices, il est hors de doute qu'elle ne veut aucunement accepter le principe du droit pour chaque peuple de disposer de lui-même, et en tout cas, toutes ses aspirations se brisent contre des volontés et des puissances plus fortes sur lesquelles elle n'a aucun contrôle; elle est impuissante politiquement, elle serait tout qu'elle ne pourrait rien.

* * *

Le Parti Ouvrier Belge considère comme dangereuse toute agitation en faveur d'une paix prématurée. Il l'avait déjà dit dans sa note du 12 décembre 1916; il croit devoir le rappeler encore avec toute la force que donnent à son opinion les événements survenus depuis; il a suivi avec anxiété, et parfois sans pouvoir se défendre d'un mouvement d'indignation et de colère, la propagande des « maximalistes » de Russie, aveuglés par d'étroites conceptions théoriques ou entraînés par des éléments troubles; on en sait maintenant les tristes conséquences; y eut-il quelque chose de plus misérable que de voir utiliser les plus pures doctrines du socialisme à faire, en dernière analyse, les affaires du roi de Prusse?

Nous voyons avec douleur, en France, en Italie et en Angleterre, des camarades éprouvés s'abandonner à ces manœuvres de paix, et nous ne concevons pas leur aveuglement ni leur entêtement à croire qu'on délivrera l'Europe du cauchemar de la guerre en traitant avec des puissances autocratiques et militaristes et qu'on obtiendra d'elles la reconnaissance sincère et réelle des droits des nationalités. Nous dénions aux neutres le droit d'agiter des sentiments de pitié et d'humanité, au risque de voir fouler au pied les droits les plus sacrés; mais nous croyons aussi avoir le droit de dire aux pacifistes de France, d'Italie, d'Angleterre et de Russie : « Vos souffrances ne sont rien à côté des nôtres. Vos populations travaillent et se battent pour elles. Elles sont mieux nourries, mieux vêtues, mieux chauffées que les nôtres. Il leur reste des satisfactions morales d'un prix inestimable. Nos populations sont, au contraire, depuis trois ans, en une geôle étouffante; on les oblige à travailler pour l'ennemi; elles manquent de nourriture, de vêtements, de chauffage; elles n'ont le réconfort ni d'une presse amie, ni des lettres de leurs fils au front; eh bien, malgré tout, ces populations ne veulent pas d'une paix boiteuse; elles réprouvent toute agitation qui aurait pour conséquence de jeter l'illusion ou le doute, la lassitude ou le découragement parmi les camarades qui remplissent au front la tâche si rude, mais si belle, de libérer enfin l'humanité des forces du passé. »

Le Parti Ouvrier Belge reste convaincu qu'il n'y a que deux moyens pour atteindre ce but : ou la force des armes, ou la transformation radicale des idées et des institutions dans les puissances centrales elles-mêmes, de telle manière que les pays de démocratie puissent discuter avec les peuples avec confiance, sur la base des principes enfermés dans la formule loyalement comprise des Soldats et Ouvriers de Russie. Cette transformation radicale des idées, en Allemagne et en Autriche, se fera mais sous la pression de la nécessité; c'est sous la pression des nécessités que l'empereur Charles a promis le Suffrage Universel à la Hongrie et la revision constitutionnelle aux nationalités d'Autriche; c'est sous la pression de la nécessité que le roi de Prusse a promis à nouveau le Suffrage Universel à la Prusse; mais l'un et l'autre veulent garder leur droit souverain de décider de la guerre et de la paix; l'un et l'autre repoussent encore le contrôle parlementaire et le droit pour leurs peuples de disposer librement de leur destinée. Or, c'est par la continuation de la guerre, au dehors ou au dedans, que ces dernières résistances au triomphe de la démocratie et du droit seront brisées.

* * *

Le Parti Ouvrier Belge se refuse donc à collaborer, en ce moment, à une action en faveur d'une paix immédiate.

Est-ce à dire que les diverses sections des pays de l'Entente doivent demeurer passives en ce qui concerne les conditions de la paix future? Le Parti Ouvrier Belge pense, au contraire, que les divers partis socialistes ont un rôle de première importance à remplir et du point de vue du succès de notre cause et du point de vue de l'Internationale. Du point de vue de notre juste cause, il y a un intérêt primordial à ce que le moral des troupes reste bon et à éviter que des ferments de discorde ne s'y glissent; pour cela, il faut que chaque soldat soit et reste convaincu de lutter et de se sacrifier pour un haut idéal de justice. Il faut donc que les gouvernements alliés soient amenés à préciser toujours davantage leurs buts principaux, afin qu'éclate aux yeux de tous la pureté de leurs intentions et notamment leur hostilité à toute annexion qui ne serait pas conforme à la volonté des peuples.

Dans ce sens, toute ridicule que l'hypothèse en apparaisse, le Parti Ouvrier Belge ne concevrait pas que Vandervelde restât dans un ministère qui aurait des intentions cachées ou avouées de faire des agrandissements de territoire du côté du Rhin ou du côté de la Hollande. Les partis socialistes ont donc à obliger leurs gouvernements à prendre des attitudes nettes à ce sujet, et il est de l'intérêt suprême de l'idée de démocratie de démontrer, par des actes parlementaires, que le régime démocratique, même en temps de guerre, est plus qu'un vain mot. Ils sont aussi tenus à cette attitude par les principes mêmes de l'Internationale, qu'ils ne peuvent sacrifier en aucune circonstance à de prétendus intérêts nationaux qui ne cachent souvent que des appétits capitalistes ou des tendances nationalistes et chauvines.

Ils se doivent aussi à eux-mêmes et à l'Internationale de dénoncer et de se désolidariser de tous les attentats au droit des gens que commettraient des autorités quelconques. En un mot, les sections de l'Internationale doivent avoir à cœur d'exiger partout qu'on fasse une politique de grand jour et de sincérité.

Mais, sous prétexte d'une telle action, le Parti Ouvrier

Belge ne peut admettre la thèse simpliste que ceux qui prétendent placer tous les gouvernements sur le même plan, en en faisant seulement les représentants de la bourgeoisie et du capitalisme et en tirant la conclusion que l'issue de la guerre ne concerne pas la classe ouvrière.

Le Parti Ouvrier Belge refuse de discuter avec ceux qui, se plaçant du reste en dehors des principes proclamés par l'Internationale, ne reconnaissent pas au prolétariat le droit et le devoir de défendre leur pays, victime d'une guerre d'agression. De telles théories, dans l'état actuel de l'Europe et de ses institutions, conduisent directement au triomphe des pays les plus réactionnaires sur les pays les plus évolués politiquement.

Le Parti Ouvrier Belge refuse donc, comme tout à fait inutile et impossible, toute rencontre avec les groupes relevant de la tendance de Zimmerwald, de même qu'il se refuse, pour des raisons de moralité évidente, de discuter avec les délégués des maximalistes de Russie.

Il est enfin tout à fait inadmissible que l'on essaie à nouveau de recommencer au sein de l'Internationale le vieux jeu de la conciliation — impossible — des tendances les plus contradictoires.

Le Parti Ouvrier Belge ne reconnaît enfin aucun droit à des groupes belges constitués à l'étranger, par exemple en Hollande, de parler au nom de la classe ouvrière socialiste de Belgique. Celle-ci est restée, pour son immense majorité, dans le pays; elle continue à faire partie de ses mutualités, de ses coopératives, de ses syndicats, ou de ses groupes d'étude; tous vivant et agissant encore malgré trois ans de guerre. C'est là le vrai Parti Ouvrier socialiste belge. Quant à ceux qui sont à l'étranger, s'il y en avait qui dussent être consultés, — à supposer qu'il fût possible de contrôler leur qualité de membre du parti — il faudrait songer d'abord à ceux qui sont au front, à ceux qui travaillent pour le pays en France et en Angleterre ensuite, puis à ceux qui sont dans les camps allemands et hollandais, et, en tout dernier lieu, à ceux qui se sont réfugiés en Hollande, qui ne peuvent être qu'une infime minorité, sans lien sérieux avec les travailleurs et, par conséquent, sans autorité.

Le Parti Ouvrier Belge ne pense pas devoir insister sur l'hypothèse invraisemblable de la reconnaissance d'un droit quelconque de parler au nom de la classe ouvrière flamande que voudraient s'arroger des inconnus ou des étrangers au Parti et des individus qui se seraient immiscés récemment dans ses rangs avec des desseins qui éclatent maintenant aux yeux des moins prévenus.

La séance du 16 août 1917.

Une assemblée plénière du Conseil Général se réunit le 16 août 1917 clandestinement, sur la scène de la salle des fêtes de la Maison du Peuple, derrière le rideau baissé.

Elle approuve les déclarations de ses délégués devant le Bureau socialiste international de La Haye, le 20 février 1915, la note du 12 décembre 1916, le mémoire de Vandervelde à Stockholm du 30 juin 1917, et le mémoire de Wauters du 31 juillet 1917.

Résolution votée par le Conseil Général le 22 août 1917.

« L'assemblée plénière du Conseil Général du Parti Ouvrier Belge,

« Réuni le 22 août 1917, à Bruxelles,

« Saluant les socialistes russes, rendant hommage à leur initiative, mais regrettant de devoir décliner leur fraternelle invitation;

« S'en référant aux déclarations faites en leur nom, le 20 février 1915, à La Haye, et confirmée dans la note du 12 décembre 1916, ainsi qu'aux conclusions concordantes, d'une part, du mémorandum de la délégation belge à Stockholm, devant le comité hollando-scandinave, le 30 juin 1917 et, d'autre part, du mémoire adressé par le Bureau du Conseil Général aux citoyens E. Vandervelde et L. de Brouckère en fin juillet 1917,

« Décide qu'il n'y a pas lieu actuellement de se faire représenter à la Conférence de Stockholm. »

Rapport présenté au Conseil Général du Parti Ouvrier par J. Wauters, le 15 janvier 1918.

(A ce moment, il n'y a pas de convocation à une nouvelle conférence internationale. Mais le 20 février, devait s'ouvrir une conférence des socialistes de l'Entente.)

Les socialistes belges, en territoire occupé, ne peuvent se réunir librement ni examiner publiquement les graves problèmes de l'heure présente. Mais leurs groupements, coopératives, syndicats, mutualités, cercles d'étude et d'art, sont tous debout encore, malgré la tourmente; les militants ont gardé entre eux un contact intime, permanent. Ceux qui, depuis le début de la guerre, ont la charge de parler au nom de la classe ouvrière socialiste de Belgique peuvent donc, avec la plus grande certitude possible, affirmer qu'ils expriment aujourd'hui encore fidèlement ses sentiments, ses pensées et ses aspirations.

En présence des négociations de paix séparées engagées entre la Russie et les puissances centrales, en présence des déclarations des chefs des pays alliés et des discussions qui agitent les classes ouvrières du monde, il leur apparaît comme un devoir de dire une fois encore, toute leur pensée à la démocratie russe, aux travailleurs des pays alliés et aux sections de l'Internationale. Ils savent que leur voix arrivera affaiblie et étouffée auprès des camarades du dehors; ils craignent même qu'on ne néglige l'avis de leur petit pays; ils supplient néanmoins qu'on les entende, car leur âme est anxieuse et leurs souffrances sont un gage de leur sincérité.

* * *

La révolution russe fut saluée avec enthousiasme par la classe ouvrière belge, nous pouvons même dire par la population belge tout entière. Notre démocratie, qui aimait le peuple russe plus que tout autre, à cause même de ses souffrances, éprouvait comme une gêne honteuse de son alliance avec la pire des autocraties. Ce fut comme si un poids venait de tomber du cœur du prolétariat belge quand il vit le tsarisme par terre : dorénavant, les peuples, par leurs institutions politiques démocratiques et libres, allaient pouvoir s'entendre plus directement pour leur œuvre de libération.

Notre premier devoir commun nous paraissait être d'achever pour toute l'Europe, la besogne de délivrance commencée en Russie, en dispersant à jamais les derniers foyers d'autocratie qui, en Allemagne et en Autriche, appuyés sur le militarisme le plus barbare et le plus dédaigneux des libertés modernes, avaient été l s principales sources des malheurs de l'Europe. Ce fut bien ainsi que les événements semblèrent s'orienter d'abord, et parmi tous les peuples annexés, opprimés ou persécutés, ce dut être, comme en Belgique, une explosion d'espoir fou, car le grand peuple russe libéré allait sans aucun doute libérer l'Europe entière.

Il affirmait, en effet, hautement les principes de l'Internationale; il brisait chez lui les aspirations impérialistes subsistantes de la bourgeoisie; il annonçait le droit des peuples à disposer librement d'eux-mêmes; il aidait les prolétaires des puissances alliées à refouler les tentatives avouées ou cachées de leurs propres capitalistes de proie; il rendait à la partie de la classe ouvrière allemande, restée fidèle au socialisme, sa tâche plus facile, en lui apportant l'assurance que, même par la victoire, les démocraties ne permettraient pas l'anéantissement ni l'asservissement de quelque partie que ce fût des peuples des puissances centrales.

Une paix mondiale, juste et durable, si ardemment désirée par les travailleurs, en apparaissait à tous plus proche et plus complète. L'espoir et le courage gonflaient tous les cœurs!

Nul ne se méprit sur les difficultés intérieures innombrables qui se présentèrent à la révolution : les forces de réaction étaient là toujours menaçantes; la masse du peuple, avec raison méfiante, songeait avant tout à assurer ses conquêtes intérieures; des aspirations sociales se faisaient jour parmi les travailleurs et les paysans; des revendications nationales compliquaient encore l'action du gouvernement provisoire; en Finlande, par exemple, où, dès la première heure, étant libre grâce à la Russie, on prétendait égoïstement se désintéresser de ce qui allait en advenir. Qui règnerait, sans conteste, en Europe, si le 4 août, la petite Belgique avait raisonné ainsi?

Mais à mesure que la guerre se prolonge et que les souffrances augmentent, les aspirations des peuples vers la paix s'accentuent; la claire conception du drame qui se déroule s'obscurcit; les sentiments d'altruisme et de sacrifice s'altèrent; l'égoïsme et le découragement rôdent autour des cœurs faibles ou ulcérés. Ce qui est vrai dans tous les pays, devait l'être plus encore en Russie. Et tandis que le gouvernement provisoire faisait des efforts désespérés pour maintenir l'armée russe en état de collaborer à la délivrance de l'Europe, des sentiments égoïstes prenaient possession de l'âme du peuple : les travailleurs et les paysans, mal vêtus et mal nourris, pensaient à la paix, à tout prix; les paysans, qui sont 85 p. c. du peuple, aspiraient à la terre; quand l'armée fut appelée à faire son devoir, malgré les premiers succès de juillet, les mauvais conseils trouvèrent facilement accès auprès des soldats, qui désertèrent en masse, par centaines de mille, assure-t-on.

Cette débâcle sans précédent dans l'histoire, favorisa la propagande et les desseins d'une poignée d'hommes audacieux qui, au sein du socialisme russe, prétendaient imposer et appliquer, à l'immense nation russe, si multiple et si diverse, leur doctrine étroite et rigide, sans tenir compte des contingences politiques ni du degré de développement économique et social. Emportés par leur rêve, mus par le fanatisme de leur idée — car nous ne voulons pas douter de leur sincérité — ils exaltèrent les désirs de paix des travailleurs, ils flattèrent l'aspiration des paysans à la possession individuelle de la terre; ils établirent leur règne sur la force des baïonnettes.

*
* *

Nous pourrions nous dispenser de dire nos anxiétés au sujet de la façon dont les maximalistes ont prétendu diriger les affaires intérieures du peuple russe depuis deux mois. Mais ces hommes se réclament de notre idéal; rien de ce qu'ils font au nom de nos principes ne peut donc nous laisser indifférents et nous avons le droit de dire nos craintes quand nous les voyons, par un orgueil insensé,une prétention inouïe à être seuls et malgré tous dans la vérité, vouloir imposer leur tactique et leurs solutions, au risque d'entraîner le prolétariat dans une effroyable réaction.

Et nous avons les meilleures raisons d'être inquiets, quand nous lisons ce que pensent des maximalistes, leurs camarades de lutte des autres partis socialistes de Russie. C'est une chose grave, en effet, que la plupart des hommes qui furent en Russie même les acteurs principaux de la Révolution, Tcheidze, Zéretelli, Chernow, Kerenski et, avec eux, tant de militants connus, depuis la vénérable Catherine Brékovtka, la grand'mère de la Révolution, en passant par Plékanoff, qui leur enseigna à tous le marxisme, par ses camarades Martoff, Martniof, Axelrod, etc., en allant jusqu'à l'illustre maître de l'anarchie Kropotkine, condamnent leur tactique et leurs agissements.

Pour assurer leur domination, ils flattèrent les instincts des masses qui ont souffert. « Tous exigent quelque chose, dit un vieux révolutionnaire, tous parlent de leur droit, mais quasi personne ne parle de ses devoirs. »

Leur pouvoir est antidémocratique; il fait fi des volontés librement exprimées des électeurs appelés cependant par eux aux urnes; leurs procédés d'oppression rappellent ceux du tzarisme; leur dictature militaire est exercée contre une grande partie du peuple.

* * *

Les Mencheviki ont pu envoyer récemment, en secret, au Comité de Stockholm, une protestation solennelle contre l'action des Bolcheviki. On y lit : « Le règne des

Bolcheviki ne dérive pas d'une révolution prolétarienne, mais d'un complot militaire. Ce n'est pas la dictature du prolétariat, mais un duumvirat appuyé sur les baïonnettes. » Et le manifeste proteste :

contre la suppression des libertés politiques;

contre la dissolution d'associations démocratiques;

contre l'arrestation d'hommes politiques démocrates;

contre le terrorisme électoral, et

contre le régime de terreur infligé à la presse, pire, affirme-t-il, que pendant le tzarisme.

Le manifeste expose que, d'autre part, les mesures économiques décrétées par ces marxistes-usurpateurs ont un caractère anarchiste et nullement socialiste, que ce sont des expériences désordonnées, infligées à un pays agricole appauvri par la guerre et qui amèneront la défaite du prolétariat (1).

L'on est ainsi amené à penser que Gorki dit vrai quand, dans son journal, après avoir admirablement mis en lumière le rôle historique du travailleur industriel moderne :

« Je considère, écrit-il, les ouvriers émancipés comme les aristocrates de la démocratie »; il affirme : « Les réformateurs de l'Institut Smolny (siège du gouvernement Lénine-Trotzky) ne se préoccupent nullement de la Russie. Froidement, ils la sacrifient au nom de leur rêve de révolution mondiale et européenne... Ma conviction est que les commissaires du peuple sont les fossoyeurs et les destructeurs de la classe ouvrière russe... Ils traitent la Russie comme un sujet de laboratoire, comme un cheval sur lequel on fait les essais bactériologiques les plus dangereux. »

* * *

Si tous les socialistes, en raison de la solidarité qui lie les prolétaires de tous les pays dans la victoire comme

(1) Parvus lui-même, le directeur de la revue « Die Glocke » organe des socialistes allemands infectés d'impérialisme, se gausse de leur réforme agraire qui va faire des paysans russes travaillant isolément, une classe de petits propriétaires qui aura les pires travers de la petite bourgeoisie (Die Glocke, 40).

dans la défaite, ont toujours le droit de manifester leur opinion quant à la tactique suivie par une des sections de l'Internationale, même dans les questions d'ordre intérieur, à plus forte raison ont-ils ce droit quand des socialistes prétendent imposer par la force, non seulement à la bourgeoisie, mais à leurs camarades qui sont pourtant la majorité, leur domination et leurs expériences.

Mais quand les actes de ces usurpateurs — quelle que soit leur intention — entraînent directement, dans le domaine international, les conséquences les plus désastreuses, non seulement pour leur pays, mais pour les autres nations, il y a un devoir pressant, pour tous, à dénoncer ces attentats contre la démocratie et le socialisme. Or, poursuivant, dans le domaine international, leur rêve de révolution sociale, ils proposent aux peuples, pour terminer la guerre, de se dresser contre leurs gouvernements et de les obliger à négocier tout de suite.

Ils espèrent que leur exemple sera suivi partout; ils injurient les plus vieux militants des partis socialistes de France, d'Angleterre et de Belgique, parce que ceux-ci prétendent, avant d'agir, écouter d'abord ce que fera le prolétariat allemand, sachant, hélas! qu'il n'y a pas à se fier à ses chefs. Quoiqu'en pensent certains naïfs ou certains illuminés de France et d'Italie, toujours prêts à s'emballer derrière la formule la plus radicale et souvent la plus simpliste, en faisant fi de toutes les contingences, ce sont les vétérans socialistes allemands eux-mêmes, Bernstein et Kautsky, des tendances les plus opposées en théorie, qui ont raison quand ils écrivent qu'il est insensé de croire que les travailleurs des pays alliés joueront ce jeu de dupes.

Et comme effectivement les ouvriers de France et d'Angleterre se défient de la puissance et de la volonté d'action de leurs confrères des puissances centrales, parce que les gouvernements alliés, au jour fixé par les maximalistes, n'ont pas envoyé leurs délégués à la Conférence de la paix, on voit ces rénovateurs sociaux, soi-disant seuls défenseurs du plus pur idéal socialiste, entrer, malgré l'Internationale, malgré la majorité de leurs camarades russes, en négociations avec... les envoyés, civils et militaires, des Kaisers des puissances centrales.

Ils acceptent la conclusion d'une suspension d'armes et y forcent la Roumanie; ils vont jusqu'à croire à la bonne foi de l'autorité militaire allemande qui leur promet de ne pas déplacer de troupes vers le front de l'Ouest; ainsi, partis pour la révolution sociale, voulant traiter avec les peuples, ils tombent dans les pièges du militarisme prussien, auquel ils permettent en ce moment de préparer un effort désespéré dont les travailleurs des nations démocratiques seront les victimes pantelantes.

Les socialistes belges protestent contre cette odieuse tentative de paix séparée et contre cette profanation de l'idée révolutionnaire au profit des derniers représentants de l'autocratie en Europe; ils protestent contre cette trahison des démocraties alliées; ils en appellent au peuple russe lui-même qui, par les comités centraux des Sowjet, ancienne forme, des socialistes révolutionnaires, du Congrès des Paysans, du Parti du Peuple et des social-démocrates, a déclaré naguère laisser aux maximalistes seuls la responsabilité de leurs démarches et ils espèrent que la vraie démocratie russe aura l'énergie et le courage de se dégager de cette étreinte mortelle et déshonorante.

* * *

Les socialistes belges osent même encore espérer que les maximalistes mêmes, de la sincérité aveugle desquels ils ne peuvent se décider à douter, sauront se ressaisir à la clarté fulgurante des événements auxquels ils participent. N'est-il pas lamentablement triste et humiliant à la fois, de voir des hommes qui prétendent servir un haut idéal de justice et de liberté, se débattre en des discussions sans issues, où les uns apportent autant de propositions nettes et claires que les autres de déclarations mielleuses ou brutales, tortueuses ou hypocrites.

Les délégués russes à Brest-Litowsk avaient formulé avec ampleur, en vue d'une paix séparée, les principes qui les guidaient; ils renonçaient à toute annexion et à toute guerre économique; ils laissaient tous les peuples de Russie libres de se prononcer sur leur propre sort; ils promettaient de ne rien tenter contre ceux qui voudraient ou vivre indépendants ou même se rattacher aux puissances centrales; ils voulaient retirer leurs troupes de Bukovine, de Perse et de Turquie, afin que les peuples se prononcent librement; mais ils en demandaient autant aux puissances centrales.

Le 25 décembre, les puissances centrales, en langage équivoque, firent semblant d'adhérer à ces principes et les social-patriotes allemands applaudirent; mais le 28 décembre, elles exposèrent leur conception au sujet de leur réalisation pratique : elles ne voulaient pas retirer leurs troupes de Pologne, de Courlande ou de Lithuanie; dans ces régions, les peuples auraient déjà exprimé leur désir de se séparer de la Russie; il ne restait qu'à préciser, plus tard, le sort définitif qui les attendait. Ainsi éclata aux yeux de tous la pensée secrète de conquête et d'annexion du gouvernement allemand; les alldeutschen acclamèrent.

Après l'intervalle de dix jours qui fut ensuite accordé (!) *aux alliés* pour se décider à se joindre à des débats engagés sous de si brillants auspices, les puissances centrales déclarèrent caduques leurs déclarations de principes du 25 décembre, et quand les négociateurs russes revinrent à Brest-Litowsk, ils furent accueillis avec brutalité par le général adjoint à la délégation allemande; les Russes ne s'étaient-ils pas permis, en effet, d'oser poursuivre la propagation de leurs idées et de dire leur avis sur le militarisme.

Le 13 janvier, quand, après avoir, contrairement à leur désir d'aller discuter en pays neutre, accepté de continuer les délibérations dans une forteresse occupée par les Allemands, les délégués russes formulèrent de façon concrète les procédés clairs et honnêtes d'après lesquels les peuples de Courlande, de Lithuanie et de Pologne auraient à décider de leur sort, par le référendum de tous, petits et grands, y compris les évacués, en l'absence de toute pression extérieure, ce fut encore le général

Hoffmann qui se leva pour déclarer que « l'autorité militaire supérieure » ne pouvait admettre cela, et s'appuyant sur de vagues associations nobiliaires en Courlande, sur un prétendu landtag en Lithuanie, sur un conseil de Pologne construit de toutes pièces par les puissances centrales, sur des vœux extorqués au conseil communal de Riga, décapité et livré aux influences des grands négociants allemands de la ville — qui forment à peine 10 p. c. de la population — le général affirma à nouveau que pour l'Allemagne ces peuples s'étaient prononcés déjà.

A lire les comptes-rendus de ces dialogues sans issue, où se mêlent le tragique et le comique, on se demande parfois si les maximalistes n'ont pas fait la gageure de dévoiler aux yeux du monde la pensée secrète de l'Allemagne; on se demande aussi comment de grands empires se prétendant si puissants, consentent à servir de cibles aux observations caustiques de gens qui n'ont derrière eux qu'une minorité de la nation russe; ils savent sans doute qu'en attendant, la dissolution intérieure se poursuit en Russie, l'armée se disloque et demain, voulant se ressaisir, au bord de l'abîme, les délégués russes ne le pourront peut-être plus, le sol se dérobant sous eux.

Ayant voulu et promis la paix générale, ils n'auront même pas pu réaliser une paix séparée; ayant voulu hâter les événements, en dépit des conseils des alliés de leur pays et de leurs propres amis, ils auront créé une situation telle que leurs peuples seront livrés sans résistance aux tentatives des impérialistes allemands et, comme les démocraties occidentales ne peuvent songer un instant à accepter les conditions des puissances centrales, c'est le prolongement indéfini de la guerre qui s'annonce pour les peuples pantelants; au lieu d'épargner des souffrances aux prolétaires, les maximalistes les aggravent.

* * *

Victimes de leur rêve de révolution sociale européenne, — à laquelle ils espèrent entraîner l'Allemagne même!! — amenés malgré eux à négocier avec l'autocratie des puissances centrales, non seulement ils auront abandonné, comme c'était sans doute déjà arrêté dans leur pensée, les peuples des pays alliés, les Tchèques, les Roumains, les Ruthènes et les Slaves d'Autriche-Hongrie, les Polonais et les Alsaciens-Lorrains d'Allemagne; ils auront de plus livré leurs frères de Pologne, de Courlande et de Lithuanie. Eh bien, malgré tout, malgré cette lamentable profanation d'un haut idéal de liberté, malgré que la Russie, militairement, puisse demain n'être plus d'aucun secours, les socialistes belges pensent qu'il est du devoir des peuples des pays alliés de tendre plus que jamais leur énergie et leur courage afin d'atteindre à une paix juste et durable par la victoire.

Dans ce sens, les socialistes belges saluent les récentes déclarations du Président Wilson, à travers lesquelles a passé un large souffle d'idéalisme. Certes, nous n'avons pas la naïveté de croire que tout est pur comme le cristal au fond du cœur des classes dirigeantes des pays alliés, mais il faut le dire cependant, parce que c'est la vérité : il y a un monde entre ce qui s'y passe et s'y prépare et les pensées et les tendances qui dominent encore au sein des puissances centrales. Tandis que les discussions se traînent lamentables et haineuses au sein de la Commission de réforme électorale en Prusse, tandis qu'en Hongrie, les magyars préparent un code électoral qui leur livrera, avec la classe ouvrière, les nationalités qu'ils oppriment, l'Angleterre achève la réforme électorale la plus large qui soit au monde et l'Amérique assure le droit de vote aux femmes.

Et dans le domaine des nationalités, tandis que l'Allemagne est obligée de reconnaître qu'elle n'a pas su, après plus de cent années, se concilier l'attachement des Polonais, des Marches de l'Est, ni après 47 ans, la sympathie des Alsaciens-Lorrains, tandis que l'Autriche-Hongrie, en pleine guerre, doit reconnaître que les Tchèques ne songent qu'à s'évader de son emprise et ne peut maintenir une certaine cohésion entre ses morceaux disparates que grâce à l'oppression la plus féroce, ne voyons-nous pas les colonies autonomes de l'Angleterre venir, des antipodes, au secours des démocraties menacées, ne voyons-nous pas l'Afrique du Sud, quelques dizaines d'années seulement après la défaite, se donner largement à la cause des alliés? Aveugle qui n'aperçoit pas dans ces faits une grande leçon des choses.

Mais il est des esprits systématiques, des puritains de l'idéal qui, sous prétexte que nulle part rien n'est parfait, concluent à la nécessité de cesser immédiatement tout effort prolétarien pour terminer la guerre par la victoire des alliés. Les socialistes belges se refusent à adopter cette tactique qui ne ferait que les affaires du roi de Prusse. Aujourd'hui comme hier, ils pensent que c'est poursuivre la plus décevante des chimères, que de penser pouvoir arriver à une paix juste et durable en négociant amicalement avec les représentants du Kaiser, et ils estiment même que s'il est bon, s'il fut fructueux pour la pureté de notre cause, d'avoir amené les gouvernements alliés à préciser leurs buts de guerre, il est vain, il est dangereux de perdre un temps précieux et d'énerver les courages en revenant sans cesse à des querelles sans fin; les socialistes belges ont confiance qu'au jour du règlement des comptes, les travailleurs organisés des démocraties occidentales auront assez de puissance d'action pour empêcher que les forces de réaction n'essayent d'opprimer ou de vinculer d'autres nations; cette puissance d'action sera décisive si à ce moment la Révolution russe a repris sa place au milieu des dix-sept autres nations alliées.

Les socialistes belges ne doutent pas de la possibilité de la victoire si chacun sait faire son devoir jusqu'au bout. Les alliés ont la supériorité du nombre; ils ont plus d'argent; ils ont toutes les matières premières; ils sont mieux nourris et mieux vêtus; ils ont l'industrie du monde entier à leur service; ils ont pour eux le droit et la vérité; s'ils s'entendent, à moins de s'avouer inférieur en volonté, en intelligence, en endurance, le triomphe est certain, et le triomphe seul assurera la paix au monde.

Et c'est parce que les socialistes belges ont cette conviction intime, profonde, indéracinable, qu'ils persistent à croire qu'il faut repousser toute tentative, ouverte ou détournée, de créer un rapprochement actuel avec les puissances centrales, fut-ce par l'intermédiaire de leurs social-démocrates! A quoi cela servirait-il, si ce n'est à créer de faux espoirs et à énerver l'esprit de sacrifice?

Est-ce que l'Allemagne officielle est revenue à de meilleurs sentiments? Les attentats sans nombre au droit des gens dont les Belges sont victimes chaque jour suffiraient à eux seuls à prouver le contraire. Mais ne voit-on donc pas ce qui se passe à Brest-Litowsk? N'entend-on donc pas les affirmations de von Tirpitz que le cours des choses va au but espéré par les Alldeutschen? Ne voit-on pas l'autorité militaire supérieure jeter à tout instant son épée dans la balance où se pèsent les décisions politiques? N'entend-on pas les Conservateurs réclamer tout haut à la tribune, le peloton d'exécution pour les meneurs socialistes et les ouvriers qui voudraient faire grève (1)?

N'a-t-on pas vu à Berlin même, une assemblée se ruer à coups de cannes et de parapluies sur des invalides de la guerre, manchots ou boiteux, qui avaient osé se permettre d'exprimer leur avis non conforme sur les buts de guerre? Y a-t-il un pays au monde où de telles choses sont possibles encore?

Y a-t-il un seul parti de la soi-disant majorité du Reichstag, ou le Centre, ou les Nationaux libéraux, ou les Socialistes dépendants eux-mêmes, qui, dans son propre sein, n'ait de nombreux partisans d'une politique de conquête? N'est-ce pas le Dr Solf, secrétaire aux Colonies, qui proclame que la paix doit assurer à son pays plus de colonies qu'il n'en avait avant la guerre, au détriment de la Belgique, du Portugal, voire de la France? Comment peut-on, d'autre part, se laisser prendre aux protestations pacifiques de ces hommes d'Etat : ils veulent la Cour d'arbitrage, ils veulent la limitation des armements, ils veulent la société des nations, ils re-

(1) Un de ces jours, ne présenteront-ils pas le Conseil des Flandres comme ils le font vis-à-vis des Russes, comme l'expression de la volonté librement exprimée du peuple flamand?

poussent la guerre économique... Mensonges, rien que mensonge et duperie!

Quand ont-ils dit que la Serbie, la Roumanie, la Belgique seraient rétablies, indépendantes? Quand ont-ils fait cesser tout doute quant au caractère qu'ils veulent laisser à cette indépendance? Où ont-ils déclaré qu'ils étaient prêts à réparer les destructions et à payer les vols qu'ils ont commis dans ces pays ou dans le nord de la France? Ainsi que l'écrit le professeur pacifiste Fœrster, que ses élèves boycottent à l'Université de Munich : « La réelle propension d'une nation pour la paix s'exprime de façon plus précise qu'en des déclarations générales et équivoques ».

Il ajoute : « Aussi, en ce qui concerne la Belgique, la partie avancée de notre peuple doit enfin passer des généralités équivoques à des déclarations concrètes avant qu'elle n'ait le droit, devant le tribunal de sa conviction intime, d'accuser l'adversaire de repousser la main qu'on lui tend pour une paix juste. » Puis, parlant de la question d'Alsace-Lorraine : « Quel que puisse être le caractère allemand du problème d'Alsace-Lorraine, il n'en est pas moins, en même temps, une question européenne. »

L'Allemagne officielle ne veut rien entendre de pareil. En ce qui concerne les peuples qu'elle domine, ils auront à essayer de faire valoir leurs droits à l'indépendance et à l'autonomie dans le cadre des institutions constitutionnelles d'Allemagne et d'Autriche; une jolie perspective pour les 2 millions d'Alsaciens-Lorrains, les 2 millions de Polonais de l'Est, les 8 millions et demi de Tchèques de Bohême, de Hongrie, de Moravie et de Silésie, les 3 millions et demi de Serbo-Croates de Hongrie, les 2 millions de Serbo-Croates de Bosnie et d'Herzégovine, les Ruthènes de Galicie, les Italiens de Trieste et du Trentin, etc., etc.

Est-ce que les démocraties occidentales auront en fin de compte supporté pendant plus de trois ans des souffrances sans nombre, par la volonté des puissances de réaction et de conquête des empires centraux, pour abandonner à ceux-ci tous ces opprimés qui aspirent à la délivrance? Ce serait leur honte devant l'histoire, si par pusillanimité ou défaut d'altruisme, elles sacrifiaient à un désir de paix — oh! combien légitime, nul ne le sait mieux que le prolétariat belge — la sécurité future de l'Europe et l'avenir des générations prochaines!

* * *

Mais d'autres voix s'élèvent, qui recommencent à parler de la nécessité de réunir les travailleurs du monde. Et d'abord, est-il concevable que, si même les préventions les plus justifiées ne ressortissaient pas des agissements de certaines sections, comme celle des maximalistes de Russie, on puisse utilement discuter entre gens ayant des tendances aussi opposées que les Zimmerwaldiens, les Maximalistes, les social-démocrates d'Allemagne, les ouvriers d'Angleterre. A quoi bon entreprendre de filer cette toile de Pénélope?

Les socialistes belges ont, du reste, la conviction que ces tentatives, qu'on le veuille ou non, sont profitables à l'Allemagne, qui espère y voir surgir des éléments de dissension à répandre dans les armées des pays alliés, comme ils n'ont que trop bien pénétré au sein de l'armée russe. Et à ce propos, le reproche adressé aux alliés de refuser des passe-ports pour Stockholm, tandis que la libre Allemagne les accorde sans rechigner, nous apparaît comme du dernier burlesque. Est-ce qu'on donne aux socialistes belges les passe-ports qu'ils demandent pour aller conférer avec leurs camarades anglais et français? Est-ce que naguère on en a donné à Haase pour aller à Stockholm conférer avec les maximalistes? Comédie et poudre aux yeux!

Les socialistes belges ont dit déjà qu'ils n'avaient pas d'hostilité — quoiqu'ils n'y voient pas de résultats palpables — à se rencontrer avec les socialistes de la minorité allemande. Mais avec les socialistes de la majorité? Comment peut-on venir parler d'une telle démarche à ceux qui râlent sous la botte prussienne, appuyée sur ces démocrates socialistes? Malgré la clarté des faits et des situations, ne continuent-ils pas encore à soutenir des crédits qu'ils lui votent, leur gouvernement annexionniste?

La majorité socialiste allemande, depuis le 12 décemgre 1916, s'obstine, malgré les désillusions, que ce fut von Bethmann, ou Michaëlis, ou von Hertling qui parle, de faire croire à ses partisans et aux travailleurs du monde, que l'Allemagne veut sincèrement une paix juste et durable. Pourquoi collabore-t-elle ainsi à cette campagne de mensonge et de duperie en affirmant que cette paix est possible actuellement?

N'est-ce pas le *Vorwärts* du 11 janvier 1918 qui écrivait précisément, à propos de ces problèmes décisifs pour une paix durable : « L'Allemagne est-elle tellement vaincue qu'on puisse l'obliger à rendre l'Alsace-Lorraine, Posen, Dantzig, etc.? Qu'on en arrive aujourd'hui ou demain à des négociations générales de paix et que nos adversaires y viennent avec de telles exigences, les négociateurs allemands leur riront au nez. Que sur ces bases, aucune paix ne soit possible, là-dessus le peuple allemand tout entier est uni. »

N'est-ce pas Logien, secrétaire général des syndicats, qui assistait le lundi 7 janvier 1918, à Berlin, à une grande assemblée du *Volksbund für Freiheit und Vaterland* et y laissait déclarer, sans un mot de réserve, par le Prof. Troltzch, rapporteur : « Lors d'une paix par entente, il peut très bien être question d'une régularisation de nos frontières qui sont vraiment très défectueuses. » Et le même Logien n'acceptait-il pas, avec ses comparses, la résolution de clôture suivante, monument d'inconséquence et de duplicité : « Nous voulons une paix par accord, qui assure la vie, l'honneur et le développement de notre peuple et, *sans préjudice des modifications de frontières compatibles*, s'abstient de toute conquête forcée et de toute indemnité; et garantit sincèrement le droit des peuples à disposer d'eux-mêmes. »

Les membres du parti majoritaire qui manifestèrent des tendances pangermanistes et impérialistes, ne continuent-ils pas ouvertement leur propagande, tandis que la traque des amis de Liebknecht et de Haase continue à remplir les prisons? N'est-ce pas l'un des leurs qui disait à Cologne, le 5 janvier 1918 : « La social-démocratie ne désire pas que la carte du pays soit la même après la guerre qu'avant », et l'orateur, personnellement, « considère comme souhaitable un régime d'expansion vers l'Est, qui nous protégerait contre les tentatives de blocus des Anglais. »

Comment tout cela se concilie-t-il avec la résolution du Congrès de Bâle : « Le prolétariat a partout le devoir de collaborer dans le sens du droit par les peuples à disposer d'eux-mêmes. » Et en ce qui concerne la réparation des dommages incalculables causés en Belgique et dans le nord de la France — nous voulons, nous, que la Russie répare ses dévastations en Prusse orientale — où et quand la majorité socialiste allemande a-t-elle, plus que le gouvernement qu'elle sert, parlé un langage net et clair?

En réalité, malgré la dure leçon des événements, malgré la poussée prolétarienne pour une paix juste, malgré que certains hommes dans son sein, comme Quarck et Kranoch, semblent hésiter à continuer dans la voie actuelle, la majorité socialiste allemande est tellement enlisée qu'elle ne peut plus se reprendre; comme les moins annexionnistes parmi son peuple, tous ses efforts tendent à faire que son pays, après avoir raté son mauvais coup, puisse se retirer tranquillement chez lui, en gardant le fruit de ses conquêtes du passé : le Schleswig, la Pologne, l'Alsace-Lorraine, et sans devoir rien réparer des crimes et des ruines qu'il a semés sur sa route.

Une paix dans de telles conditions ne serait que le prolongement du cauchemar de l'Europe, ce serait à l'Est et à l'Ouest, laisser subsister des ferments de haine et de guerre; ce serait la persistance du militarisme et la perspective pour les travailleurs d'une ère plus lourde d'exploitation et d'oppression. Les socialistes belges ne peuvent s'y résoudre.

Et comme ils ne sont pas d'accord au fond avec la majorité socialiste allemande, comme ses chefs ont tout fait pour aliéner toute confiance, les socialistes belges pensent qu'il est tout à fait vain et inutile de tenter des rapprochements actuellement. Ils s'en tiennent à la conclusion de Kautsky lui-même qui naguère, au sujet des discussions intestines du socialisme allemand, écrivait :

« Il (le Partei Vorstand) se plaint maintenant des suites funestes de la scission survenue dans le parti et c'est lui précisément qui l'a, non seulement poursuivie, mais rendue irréparable, au moins pour aussi longtemps qu'il conduira de la manière actuelle les affaires de l'ancienne organisation du Parti.

« Car, pour réaliser l'union, il faut deux conditions : être d'accord sur le fond et avoir confiance les uns dans les autres. L'accord sur le fond reviendra quand la logique des faits imposera aux socialistes dépendants une dialectique plus radicale. Malheureusement, qui a une fois déjà brisé et perdu la confiance, ne ramènera plus les déçus sous son drapeau. »

Ce qui est vrai dans le domaine intérieur, l'est bien plus encore dans le domaine international. Quant à vouloir se réunir uniquement pour dresser des actes d'accusation et se déchirer, les socialistes belges n'en voient pas le profit actuellement. Ils estiment que ces forces seraient beaucoup mieux employées à exalter les courages de ceux qui luttent, travaillent et souffrent pour notre juste cause et à tout mettre en œuvre pour assurer le triomphe de la démocratie.

La résolution du Conseil Général du 30 janvier 1918.

Le 30 janvier 1918, l'assemblée plénière du Conseil Général délibéra sur le mandat à conférer à Vandervelde et de Brouckère, ses délégués à la Conférence des socialistes alliés le 20 février. Les délégués du Conseil Général tinrent deux séances clandestines, l'une le matin, dans le grenier de l'école de carrosserie, l'autre, l'après-midi, dans la salle de lecture de la bibliothèque de la Centrale d'éducation, à la Maison du Peuple de Bruxelles.

Le rapport de J. Lekeu.

Jules Lekeu y lut le rapport suivant, au nom du Bureau du Conseil Général :

A raison de quels faits nouveaux, demande le rapporteur, la Conférence socialiste des Alliés de février 1918 renierait-elle ce qu'a proclamé la Conférence socialiste des Alliés en février 1915?

Est-ce à raison de la révolution russe?

Non, car la révolution russe, loin de faire échec à l'impérialisme allemand, l'a renforcé; puisqu'elle a déterminé la défection en masse devant l'ennemi et qu'elle aboutit à des négociations de paix séparée, au cours desquelles la délégation allemande, le général Hoffmann en tête, a plus arrogamment que jamais affirmé les visées pangermanistes sur la Pologne, la Courlande et la Lithuanie.

Est-ce parce que les résultats militaires, notamment l'échec de la campagne des Dardanelles, la défaite italienne et la revanche de Cambrai, auraient plus ou moins sensiblement modifié la carte de la guerre, à l'avantage des Puissances Centrales?

Mais n'y a-t-il pas là, pour les socialistes de l'Entente, un motif de redoubler d'efforts contre l'impérialisme allemand dont la victoire ne peut qu'exaspérer l'impudence, ainsi que l'avère le dernier discours du Chancelier qui ne transige sur aucun de ses objectifs annexionnistes? A moins de s'avouer vaincus, de renoncer à la libération et à la reconstitution économique et politique de la Belgique, du Nord de la France, de la Serbie, du Monténégro, de la Roumanie, de toutes les nationalités annexées par la force, avant comme pendant cette guerre, et de souscrire à la défaite de la démocratie et à la ruine de la liberté!

La Conférence de février 1918 estimera sans doute utile de compléter, d'amplifier, de préciser et d'actualiser la résolution de février 1915, en la conformant aux circonstances présentes; elle ne pourra pas l'infirmer, et nul socialiste, étranger à la déformation impérialiste, n'y pourra contredire, puisque cette résolution fondamentale dégage les principes et les directrices dont l'Internationale socialiste n'a cessé de se réclamer depuis ses premiers Congrès et que la révolution russe s'est bornée à formuler dans sa trilogie lapidaire : pas d'annexion, pas d'indemnité, libre détermination de tous les peuples.

Mais n'est-on pas en droit de soutenir que les causes déterminantes de la conflagration mondiale gisent dans les antagonismes d'ordre économique, qui sont intéressés au régime capitaliste et qui le condamnent à disparaître?

La responsabilité de la guerre n'incombe-t-elle pas au capitalisme mondial et non pas à l'impérialisme des trois autocraties allemandes, austro-hongroise et turque?

La vérité est que le régime capitaliste, en poussant jusqu'au paroxysme, l'esprit de lucre et de mainmise, chez les gouvernements comme chez les individus, a créé le cadre et l'atmosphère qui ont permis de déchaîner la catastrophe dont la menace latente planait sur l'insécurité universelle de la société moderne, mais c'est l'impérialisme réactionnaire et militaire des Puissances Centrales qui a déterminé le cataclysme pour réaliser leur rêve d'hégémonie universelle; et l'histoire qui dégagera la philosophie de notre ère, établira que les trois empires anachroniques recélaient dans leur structure et leur passé, des forces incompressibles qui les prédestinaient à chercher une issue dans une suprême ruée de conquête.

Est-ce à dire que l'Angleterre, la France, l'Italie, voire la Belgique elle-même, à la suite de Léopold l'Africain, échappèrent à la mégalomanie impérialiste?

Les socialistes de l'Entente seraient mal venus de le contester à cette heure, eux dont l'honneur a été de dénoncer partout ces menées de convoitises et de violences. Mais la démocratie, dans chacune des fractions de l'Entente, a toujours su contenir et refouler les visées impérialistes, ou du moins, ne pas laisser l'esprit public s'inféoder à cet esprit de spoliation et de brigandage, tandis que, dès la fin du siècle dernier, ce fut là le phénomène capital, l'emprise morale qui marqua l'évolution de l'empire germanique.

Ce qui fait défaut au peuple allemand, c'est la tradition révolutionnaire, c'est l'âme démocratique.

Ce qui leur manque, c'est le sens de la liberté. On ne les sent pas se mouvoir comme nous, dans l'ambiance des idées modernes. Ils vivent dans le décor de grandes réformes sociales qui ont été appropriées aux nécessités de leur stade industriel très avancé, mais on ne respire sous leur ciel, qu'une atmosphère de contrainte et de compression; on ne sent en eux, aucun élan de spontanéité, aucune ivresse d'indépendance.

Sans doute, nous ne songeons pas à dénier que la social-démocratie ait payé à l'absolutisme prussien, un lourd tribut de mois et d'années de prison et de forteresse. Mais dans le duel entre l'autorité bismarkienne et le prolétariat des Lassalle, des Engels, des Bebel et des Liebknecht, si la social-démocratie n'a guère cessé d'accroître périodiquement ses effectifs et son influence, il n'est pas moins vrai que le régime autocratique est quand même parvenu, sous l'action combinée de l'école et de la caserne, à former au peuple allemand, une cérébralité de disciples et de passivité, en laquelle on a étouffé progressivement toute pensée de révolte, au fur et à mesure que la social-démocratie, avec sa triple armature syndicale, coopérative et politique, s'est adaptée au socialisme d'état, qui a servi de base à l'organisation du nouvel empire de 1870, et qu'elle s'est finalement incorporée dans le système impérialiste lui-même, dont elle est devenue insensiblement et sans en avoir conscience, un nouveau rouage. Ils ont sauvé leurs briques, leurs encaisses, leurs registres-matricules, leur bureaucratie et leur matériel; ils n'ont pas sauvé leur âme; et si, en ces derniers jours, sous le coup de fouet des événements, ils semblent se disposer à la racheter, gardons-nous de préjuger de leur conversion, trop précipitamment!

Ce qui est incontestable, c'est que la social-démocratie

ainsi dévoyée, n'a plus eu la force et la volonté, de faire obstacle au monstrueux développement de la mentalité nationale de l'empire allemand, qui se caractérise par l'aveuglement collectif d'un orgueil effréné de race, l'aberration d'un matérialisme cynique et d'un grossier utilitarisme, un besoin incoërcible d'éviction et de prédomination, une volonté forcenée de conquête, le renîment de toute conception de droit et de tout scrupule de moralité, le culte souverain de la force dont la doctrine de Nietzsche est l'exaltation.

C'est de la sorte et de la sorte seulement, qu'on peut psychologiquement expliquer la corruption populaire et la domestication parlementaire de ceux qui forment la majorité actuelle de la social-démocratie.

Ceux qui, depuis quelque vingt ans, ont suivi les congrès socialistes internationaux, se souviennent aujourd'hui de la gêne et de l'inquiétude que décelait l'attitude de la section allemande, chaque fois qu'on abordait le problème de l'action concertée des prolétariats contre le militarisme et la guerre; et nous nous rendons compte aujourd'hui que les délégués venus de toutes les régions de la Germanie, subissaient déjà, sans doute à leur insu, la conversion intime qui faisait au fond de leur concience, prévaloir les aspirations nationales sur les aspirations révolutionnaires. Le conflit de 1914 a déchiré les voiles et ils sont apparus à leurs propres yeux comme aux nôtres, tels qu'ils sont : des impérialistes allemands avant d'être des socialistes internationalistes.

« Deutschland über alles ». Jamais devise n'a mieux réflété l'âme d'un peuple, exception honorable étant faite en faveur de la minorité socialiste, qu'incarnent les Bernstein, les Kautsky et les Haase.

S'intercale ici dans le rapport de Jules Lekeu, un impitoyable réquisitoire contre la majorité de la social-démocratie allemande, jusqu'au jour où furent entamées les négociations de Brest-Litowsk, qui, après l'hypocrisie du préambule, remit, par un véritable coup de théâtre, en crue lumière, les prétentions annexionnistes de l'Allemagne sur la Pologne, la Courlande et la Lithuanie.

A ce moment, le *Vorwaerts* a été contraint et forcé d'élever une protestation, mais sans déclarer avec l'éclat d'une rupture définitive, que la majorité socialiste refuserait désormais de voter les crédits de guerre et de soutenir la politique impérialiste. Scheidemann, lui, à la Commission Parlementaire, a pour la première fois, adressé au Gouvernement une mise en demeure énergique.

Le *Vorwaerts*, évidemment, lui emboîte le pas, attestant que, derrière Scheidemann, il y a des millions d'hommes qui sont prêts à se mettre debout pour imposer une paix juste et durable, une paix sans annexion, une paix qui ne soit avilissante pour personne. Parallèlement au mouvement de grève générale esquissé à Vienne, nous signalons la suspension du travail, qui vient de mettre à Berlin 100,000 ouvriers protestataires sur le pavé.

Nous n'entendons ni surévaluer ni sous-évaluer l'importance et la portée de la nouvelle manière de Scheidemann et du revirement du *Vorwaerts*. Nous en prenons acte non sans éprouver une sincère satisfaction et non sans en retenir quelques espérances, d'autant plus que le virulent et courageux discours de Haase, en dévoilant le plan d'annexion à l'Est et en plus, à l'Ouest avec l'emprise des régions minières de Longwy et de Briey, semble avoir rendu toute reculade impossible, à moins d'une nouvelle trahison flagrante !

Mais nous nous exposerions au risque de jouer à nouveau, un jeu de dupes, si nous nous abandonnions trop inconsidérément à nous bercer de chimères et d'illusions.

Nous attendons la majorité socialiste allemande non pas aux paroles, car elle a depuis plus de trois ans trop abusé de la lettre imprimée et du verbe des tribunes, pour duper la masse de ses adhérents et mentir à l'Internationale, et notamment égarer les neutres trop facilement et trop égoïstement crédules, nous l'attendons aux actes, et nous mettons le Parti Ouvrier Belge et l'Internationale en garde contre une amnistie prématurée.

L'avenir nous apprendra ce qu'il est encore permis

d'espérer de la majorité socialiste allemande, mais en attendant, et sans qu'on puisse, pensons-nous, nous accuser de stériles récriminations, nous sommes en droit et en devoir de rester en état de légitime méfiance en songeant que cette majorité n'a pas protesté ou n'a protesté que pour la forme, du bout des lèvres, et souvent dans la coulisse, contre le sac et le massacre dont a été suivie l'invasion de notre territoire, la confiscation méthodique et l'anéantissement prémédité de notre outillage industriel et de nos matières premières, la déportation de milliers et de milliers de nos malheureux compagnons condamnés, en fait, au travail forcé dans les usines allemandes, les rafles périodiques — qui continuent — des habitants de chaque région d'étapes, brusquement arrachés à leurs foyers et réduits comme des esclaves à travailler pour l'ennemi, dans les tranchées, sous le feu de la mitraille, enfin, et ce dernier attentat est peut-être celui qui crie le plus haut, vengeance, le déchirement d'abord sournois, bientôt effronté, maintenant cynique et officiel de notre unité nationale, comme si nous n'étions pas témoins, nous, les militants du Parti Ouvrier, que les prolétaires de Flandre et de Wallonie n'ont cessé de se sentir solidaires et fraternels sous notre vieux drapeau rouge, confondus dans le même effort et communiant dans la même foi de libération et de relèvement! Scheidemann, nous y revenons, vient de stigmatiser cette entreprise criminelle qui substitue à l'annexion brutale, l'assassinat moral et politique d'une nation; pourquoi a-t-il gardé le silence depuis plus de trois ans que se poursuit cette politique d'écartèlement qui tend, si l'on ne parvient pas à incorporer la Belgique, à l'annihiler en la désagrégeant et en dressant sur la frontière allemande, une Flandre assimilée qui servira de boulevard à l'empire?... Pourquoi la majorité s'est-elle tue jusqu'ici devant l'accomplissement du pire des forfaits si elle n'en acceptait pas la complicité et le profit? Car, ne nous payons pas de mots, si le Chancelier a déclaré qu'à aucun moment, l'Allemagne n'a inscrit à son programme politique, « l'annexion de la Belgique par la violence », il a sous-entendu que son plan est d'abuser de la durée de la guerre, pour rendre l'annexion inutile, en ruinant et immolant la Wallonie et en s'assimilant la Flandre!

La majorité socialiste allemande se prépare peut-être à se ressaisir aujourd'hui, mais alors il faudra qu'avant tout, pour nous apporter le gage de la sincérité de son repentir et de son amendement, elle rétracte et répare sa conduite vis-à-vis de la minorité et cette longue série d'actes odieux de boycottage, d'usurpation, et de renîment, qui nous ont confirmés dans le verdict que notre conscience a prononcé contre elle, à savoir, pour rappel, l'exclusion de Liebknecht et de Haase, l'accaparement du *Vorwaerts*, l'expulsion de la citoyenne Zetkin, chassée du journal des femmes dont elle était l'âme et l'honneur, l'expropriation de Kautsky, de Bernstein et de Mehring, outrageusement dépossédés de la direction du *Neue Zeit*, et enfin l'adhésion du Congrès de Wurzburg à la politique de la participation ministérielle alors qu'au Congrès d'Amsterdam, c'est la social-démocratie allemande qui a traîné à la barre de l'Internationale, Jaurès et les socialistes français, accusés de défection et de trahison... Oui, nous disons qu'il faut, pour que la majorité social-démocrate allemande se refasse digne de notre estime et de notre confiance, qu'elle soit revenue non dans les mots mais dans les faits, à la tradition démocratique et révolutionnaire del'Internationale, et partant, que, confessant son aberration passée, elle reconstitue avec la minorité, le bloc de la social-démocratie.

Avant cela, absoudre la majorité, ce serait implicitement condamner la minorité, et qui donc prendra devant nous, la responsabilité d'un tel geste d'injustice et d'ingratitude?

Dans ces conditions, concluait le rapporteur du Bureau du Conseil Général, jusqu'à l'heure où nous aurons à enregistrer des faits nouveaux, nous persistons à conclure que, pour des motifs de moralité, le Parti Ouvrier Belge, doit, à notre avis, se refuser à reprendre en ce moment, sans conditions, sur un pied d'égalité, contact à Stockholm ou ailleurs, sous l'égide de l'Internationale, avec la majorité socialiste allemande.

La vérité est qu'il faut, à ce tournant de l'histoire, laisser la parole aux circonstances et suivre jour par jour, heure par heure, avec anxiété, les événements; et nous serons unanimes à proclamer que le devoir et l'intérêt de toutes les sections de l'Internationale, c'est de ne pas perdre une minute ni une occasion, pour assurer aussitôt que possible, le triomphe d'une paix juste et durable, c'est-à-dire une paix démocratique, fondée sur les grands principes dont la révolution russe a martelé la formule et dont la déclaration du Président Wilson, sous réserve d'amendements ou de compléments, a déterminé les clauses essentielles d'application.

Envisageant ensuite ce qui pourrait résulter d'une éventuelle Conférence Internationale à Stockholm ou ailleurs, le rapporteur, après avoir examiné diverses hypothèses, se demande si les socialistes qui prêchent la paix immédiate coûte que coûte et advienne que pourra, ont le droit d'entrevoir, à la faveur de la paix immédiate, le déchaînement d'un vaste mouvement révolutionnaire à travers l'Europe, comme en Russie.

« Le mot d'Alphonse Karr revient fatalement ici à l'esprit : « Que MM. les Allemands commencent! »

« Non, le prolétariat socialiste des pays de l'Entente n'est pas décidé à faire la révolution sociale au profit du roi de Prusse, et l'exemple de la Russie désarmée, matériellement impuissante et livrée en fait à la merci de ceux qui n'ont la patience de négocier avec elle et ne s'y résignent, que parce qu'ils ont besoin d'une paix séparée pour faire face à l'ouest et à l'intérieur de l'empire, est-il vraiment fait pour nous stimuler, si l'on s'en tient au point de vue international...

« Quant à la révolution sociale, soit au lendemain de la guerre, soit sur l'heure, à la faveur d'une paix immédiate, c'est là la plus grave des éventualités et il convient de l'envisager en dehors de tout optimisme idéaliste, en mesurant toute la complexité de l'énorme tâche reconstructive dans le domaine économique comme dans le domaine politique et moral, que le prolétariat moderne devra se sentir en état d'assumer, le cas échéant, alors que tant de ruines sont amoncelées...

« Nous avons cette foi incoercible que les travailleurs sont en droit et doivent se mettre en mesure d'être les grands bénéficiaires de toutes les inéluctables transformations qui résulteront du branle-bas actuel; mais nous le disons en toute franchise : nous ne présumons pas que, sur un mot d'ordre lancé de *Stockholm* ou d'ailleurs, tous les travailleurs du monde, se levant, puissent par la force et la violence, changer la face des choses.

« Nous persistons à croire avec tous ceux qui ont constitué le Parti Ouvrier, que la revision de l'organisation industrielle et du régime agraire ne s'improviseront pas dans la fièvre d'une poussée insurrectionnelle et si nous sommes plus que jamais résolus à descendre à la rue, s'il le faut, pour conquérir tous les droits et tous les moyens d'action qui doivent permettre à la classe ouvrière de poursuivre son relèvement et son affranchissement, si nous sommes prêts à envisager le cas échéant, au lendemain de la guerre, un vaste soulèvement en masse pour assurer aux travailleurs, les conditions indispensables à leur émancipation, nous refusons, quant à nous, de leur faire accroire que la révolution sociale, opérée en un tour de main, puisse accomplir soudainement l'œuvre graduelle et patiente de l'évolution scientifique et morale et que des formules générales et verbales, soient de nature à servir utilement les réalisations positives et concrètes qu'il importe de préparer. Alors si l'assemblée plénière ne croit pas à la suprême panacée instantanée de la révolution sociale au lendemain de la guerre, pourquoi nous demanderait-on d'aller la décréter à *Stockholm?*

« Mais si *Stockholm* n'a pas la puissance providentielle d'imposer la paix immédiate et de faire triompher la révolution sociale, ne peut-on du moins, en attendre la reconstitution de l'Internationale?

« Est-ce à l'heure où doctrinalement l'Internationale est déchirée par les tendances les plus extrêmes, alors que nous ne sommes pas même d'accord, par exemple, avec les Zimmerwaldiens sur le droit de légitime défense nationale, et quand les révolutionnaires russes offrent le spectacle des plus cruels déchirements et du pire gâchis, qu'il est permis d'espérer que l'Internationale sera en état d'élaborer un programme commun et d'assumer l'initiative d'une action disciplinaire?

» Dans l'état actuel des choses, la conférence de Stockholm ne pourrait être, à ce point de vue, qu'une véritable tour de Babel. »

Tour à tour, le rapporteur écarte l'idée que Stockholm pourra arracher la révolution russe à l'anarchie où elle menace de se perdre ou devenir une cour de justice à la barre de laquelle serait traduite la majorité allemande.

Il souligne que Stockholm encouragerait la campagne défaitiste chez les alliés, et leur ferait courir le risque d'une défaillance dans le moral des troupes et d'une désaffection dans l'esprit public, alors que l'action de l'Entente est bandée au point qu'il serait dangereux de provoquer la moindre détente dans la foi des soldats ou la confiance des populations.

« Mais on invoque comme suprême raison, la lassitude, l'épuisement et la détresse générale.

» Est-ce vrai? Est-on en droit de dire que notre stoïque prolétariat crie grâce?

» Nous aussi, nous vivons dans le coude à coude de ceux dont la misère monte et dont le martyre s'enfièvre; nous retrouvons nous aussi, chaque jour à notre cantine, le teint hâve et le masque émacié de nos chômeurs, et nous n'ignorons pas que les privations de ceux qui sont encore restés au travail, ne sont pas moins aiguës. Mais si les uns et les autres ont parfois des heures de fléchissement et d'exaspération que nul ne songe à leur reprocher, dès qu'on leur demande s'ils n'ont plus la force de résister et l'espoir de vaincre, ils redressent le front et ils répondent fièrement qu'ils ne veulent pas que soit perdu tout ce qu'ils ont souffert jusqu'ici pour être dignes des vaillants qui nous défendent dans les tranchées au prix de quel héroïsme et qui ne demandent pas, eux, que nous sachions, à rendre les armes!

» Le Parti Ouvrier ne peut pas donner le signal du renoncement et de l'abdication. Si notre malheureux pays en devait arriver là, c'est sans nous et contre nous qu'il le devrait décider! La mort vaudrait mille fois mieux que cet ultime abaissement qui ne serait quand même qu'un suicide; car nous ne nous relèverons de nos ruines que si la victoire nous assure les justes réparations qui sont indispensables à notre restauration économique.

» Et qu'on ne dise pas que les travailleurs n'ont pas à bénéficier de ces justes réparations et de cette restauration nécessaires!

» Il y a là une communauté nationale d'intérêts qu'il serait dérisoire et sacrilège de contester et que nous n'avons pas mise en question, quand le 4 août 1914, on a porté la torche dans nos villes et nos villages, insulté nos femmes, supprimé nos vieilles libertés, amoncelé partout des ruines et des hécatombes. Demandez donc aux innombrables ouvriers qui se trouvent parmi les évacués de France et des régions d'étape, ce qu'ils en pensent!

» Ce qui est vrai, c'est, comme on l'a prédit depuis le début de la sanglante épreuve, que la victoire appartiendra à celui des belligérants dont l'armée et le peuple feront le plus intrépidement et le plus opiniâtrement preuve d'endurance.

» Certes, le socialisme international doit épier l'heure de la paix; et l'on ne doit pas tolérer qu'on la recule d'une seule minute, dès que la paix sera possible au profit de la démocratie; et c'est là l'intérêt du prolétariat des Puissances Centrales comme des travailleurs de l'Entente.

» Mais en attendant, un double devoir nous requiert et nous n'y avons pas failli; nous avons d'une part, à consacrer le meilleur de notre activité à lutter contre la dénutrition populaire et d'autre part, à soutenir de toute notre énergie, le courage de nos populations.

» Voyez, de même que Vandervelde est à la tête de

l'Intendance militaire, de même nos militants les plus autorisés collaborent au ravitaillement et à l'alimentation du pays.

» Et chaque fois que le Parti Ouvrier a élevé la voix depuis plus de trois ans, c'est pour jeter aux masses, le verbe de réconfort et de foi.

» L'assemblée plénière du 30 janvier 1918, ne manquera pas à cette obligation sacrée, et elle adjurera les travailleurs belges de faire encore l'effort surhumain qui s'impose pour assurer définitivement dans le domaine international et dans l'ordre social, la victoire au Droit et à la Démocratie, le bien-être et la justice à la classe ouvrière! »

La question de savoir quelle serait l'attitude du Parti Ouvrier Belge et le vote de ses délégués E. Vandervelde et L. de Brouckère à la Conférence des socialistes alliés, à Londres le 20 février 1918, fut l'objet d'une longue discussion fraternelle mais passionnée, à laquelle participèrent : J. Lekeu, J. Wauters, A. De Bruyne, Thielemans, E. Vinck, J. Jacquemotte, G. Solau et C. Mertens.

Jacquemotte fut le principal interprète des tendances de ceux qui estimaient qu'on devait à Londres décider d'aller à Stockholm, pour être certain de reconstituer en temps utile l'Internationale, afin qu'elle pût, à l'heure sonnée, intervenir pour que le rétablissement de la paix coïncide avec le triomphe de la démocratie dans le monde et la plus énergique action du prolétariat international. En vue d'arriver à de telles fins, Jacquemotte et les partisans de sa thèse ajoutaient qu'ils consentaient à laisser la majorité de la social-démocratie allemande participer aux assises de Stockholm, mais ils stipulaient expressément qu'en retrouvant face à face avec les Scheidemann et consorts, ils entendaient les traiter en accusés, clouer au pilori de l'Internationale, leurs criminels reniments.

Joseph Wauters fut le porte-parole des irréductibles qui, au nom même de l'honneur et de la réalité d'une Internationale probe et effective, refusèrent de prendre contact avec ceux qui avaient commis l'ineffaçable forfaiture du 4 août en couvrant de leur vote, la violation cyniquement proclamée des principes du droit, le jour où l'armée allemande, franchissant notre frontière, déchira comme un chiffon de papier, le traité par lequel elle garantissait la neutralité belge...

Le texte adopté.

La résolution de Joseph Wauters qu'on va lire, fut adoptée par 26 voix contre 16 et 2 abstentions.

Elle disait :

« Le Parti Ouvrier Belge envoie son salut aux délégués de la classe ouvrière des Pays Alliés réunis à Londres ;

» Il espère que de leurs délibérations sortira un programme de paix commun, basé sur la formule loyalement comprise : « Sans annexion, sans indemnité, droit pour les peuples de décider de leur propre sort », étant bien entendu que cette formule n'exclut nullement la condition indispensable du rétablissement et du dédommagement, par les auteurs responsables, des pays ravagés et pillés.

» Il pense que ce programme, sans doute conforme dans ses grandes lignes aux propositions du président Wilson, devra devenir la charte commune des pays alliés et que tout doit être mis en œuvre, sur ces bases, pour assurer l'entente complète des gouvernements alliés.

» Il estime qu'il sera alors du devoir des prolétariats des Puissances Centrales — convaincus que nul ne veut ni ne poursuit l'anéantissement ou l'asservissement de leurs nationalités — de se décider enfin à dire nettement et sans réticences, s'ils comptent collaborer à la réalisation pratique des formules reconnues par eux-mêmes comme étant l'expression de la justice et du droit ; ils devraient dire, notamment, s'ils sont disposés, par tous les moyens possibles, à amener leurs gouvernements à reconnaître le droit de disposer d'eux-mêmes, non seulement aux peuples de Russie, mais aussi, et avec toutes les garanties possibles, aux Polonais et aux Alsaciens-Lorrains, ainsi qu'aux peuples d'Autriche-Hongrie.

» Aussi longtemps que les partis socialistes des Puissances Centrales n'ont pas adopté cette attitude nette et sincère, le Parti Ouvrier Belge pense qu'une réunion internationale est moralement impossible et pratiquement illusoire et il fait un pressant appel aux prolétariats de tous les pays alliés, y compris ceux de Russie, pour qu'ils redoublent d'énergie, d'efforts, d'endurance et de sacrifices, afin d'assurer le triomphe de la démocratie et une paix durable qui permette la réalisation de la société des Nations, avec la disparition du militarisme. »

Le Commission syndicale avait proposé un ordre du jour défendu par son secrétaire Corneille Mertens. Le voici :

Le Comité National de la Commission Syndicale réuni en assemblée générale :

Estime :

1o Q'une réunion de l'Internationale s'impose avant la fin des hostilités;

2o Il considère que la situation dans laquelle le Parti Ouvrier Belge vit actuellement, ne lui permet pas d'être complètement renseigné sur le moment opportun où une réunion de l'Internationale pourra avoir lieu;

3o Il laisse le soin à ses délégués de déterminer leur attitude définitive, au sujet de la date, lieu et conditions de cette conférence, d'après les documents qui seront soumis à la réunion des socialistes à Londres;

4o Il affirme, en tout cas, sa volonté de n'assister à une réunion internationale qu'à la condition que le premier point à discuter soit la question des responsabilités, dont la solution permettra d'épurer l'Internationale des éléments ou des groupements qui ont trahi ou trahissent la cause du prolétariat international.»

***

A la séance de 29 janvier 1918, de la Commission syndicale, le 1o de cet ordre du jour avait été adopté par 17 voix contre 8 et l'ensemble à l'unanimité moins 4 abstentions.

Cet ordre du jour tomba au Conseil Général, par le vote de la motion Wauters.

Autres résolutions.

Joseph Wauters avait, en outre, présenté à l'assemblée plénière du Conseil Général, les deux ordres du jour complémentaires qu'on va lire et dont les circonstances justifiaient la connexité :

« Le Parti Ouvrier Belge constate avec une profonde satisfaction qu'aucun des groupements ouvriers qui le composent, si petit soit-il, ni qu'aucun de ses militants autorisés, ayant le moindre passé dans les luttes ouvrières, ne s'est laissé égarer ni corrompre par le mouvement activiste, ni en Flandre, ni en Wallonie.

» Convaincu d'exprimer l'avis unanime du prolétariat belge organisé, le Parti Ouvrier Belge proteste avec indignation contre les menées du Gouvernement allemand qui, abusant de l'occupation, se sert de gens sans autorité et sans mandat, sans dignité et sans loyauté, pour créer entre les Belges des divisions fratricides entre Flamands et Wallons, dans le but évident de porter atteinte, ouvertement ou sournoisement, à l'indépendance politique ou économique du pays.

» Le Parti Ouvrier Belge repousse toute immixtion étrangère dans les rapports à établir entre les populations de langues diverses habitant le pays; il affirme que, comme par le passé, il saura s'inspirer du respect le plus scrupuleux des aspirations légitimes de tous, Flamands, Wallons, pour aider à solutionner les questions de langues et de culture qui peuvent se poser; il souhaite que dans tous les pays, et notamment dans les empires centraux et dans les Balkans, le même esprit de respect mutuel réel anime, non seulement les partis socialistes, mais les peuples eux-mêmes, les uns vis-à-vis des autres. »

***

La troisième résolution proposée par J. Wauters et également adoptée par l'assemblée plénière du Conseil Général, visait l'appel lancé par la Révolution russe en faveur d'une paix immédiate et se rattache de la sorte directement au premier ordre du jour :

« Le Parti Ouvrier Belge proteste contre toute tentative de paix séparée, qui ne peut faire que le jeu des derniers représentants de l'autocratie en Europe et prolonger, en les aggravant, les maux des travailleurs dans le monde entier.

» Il renouvelle son salut fraternel aux travailleurs et paysans de la Russie entière; il espère ardemment qu'ils pourront bientôt rétablir entre eux, l'union indispensable pour assurer les conquêtes de la Révolution.

» Il attend avec impatience que le prolétariat russe, à la clarté éblouissante de l'attitude des Puissances Centrales, comprenne que le triomphe de la démocratie et les intérêts du prolétariat universel exigent impérieusement que la Russie nouvelle reprenne au milieu des démocraties modernes la place qu'elle n'aurait jamais dû quitter. »

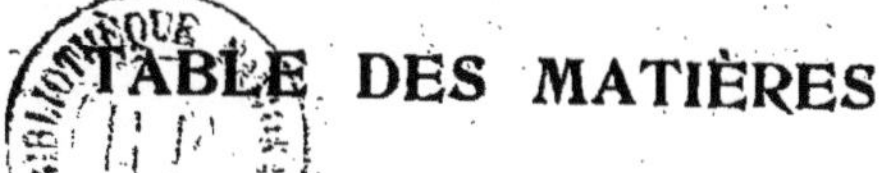

TABLE DES MATIÈRES

	Pages
Le Manifeste du Conseil Général	5
Le transfert du Bureau Socialiste International	6
Déclaration de la délégation belge au Bureau Socialiste International	9
Résolution des socialistes belges du 12 décembre 1916	10
Mémoire de Vandervelde et De Brouckère à Stockholm	14
Mémoire du Conseil Général du 31 juillet 1917	34
Le séance du 16 août 1917	61
Résolution du Conseil Général du 22 août 1917	61
Rapport de J. Wauters du 15 janvier 1918	62
Résolutions du Conseil Général du 30 janvier 1918	78
Rapport de Jules Lekeu	79
Le texte adopté	91
Autres résolutions	93

Petite Bibliothèque du « PEUPLE »

N° 1. — JAURÈS. — *La Formation Révolutionnaire de la Nation Française* . . . . fr. **1.25**

N° 2. — EDOUARD SIMMEL. — *Comment l'Homme forma son Dieu* (illustré) **1.25**

N° 3. — AUG. VERMEYLEN. — *Quelques Aspects de la Question des Langues en Belgique* . . . **1.50**

N° 4. — *La Guerre. — Les Socialistes belges. — L'Internationale* **2.00**

Établissements Généraux d'Imprimerie, rue d'Or, 14, Brux. — 18913.

www.ingramcontent.com/pod-product-compliance
Ingram Content Group UK Ltd.
Pitfield, Milton Keynes, MK11 3LW, UK
UKHW021554260726
13993UKWH00002B/828

9 782019 999278